UN PRÊTRE À LA GUERRE

DES MÊMES AUTEURS

Christian Venard, *La Confession : Mode d'emploi*, Artège, 2012.
Guillaume Zeller, *Oran, 5 juillet 1962. Un massacre oublié*,
Tallandier, 2012.

PÈRE CHRISTIAN VENARD

GUILLAUME ZELLER

UN PRÊTRE À LA GUERRE

Le témoignage d'un aumônier parachutiste

TALLANDIER

© Éditions Tallandier, 2013
2, rue Rotrou – 75006 Paris
www.tallandier.com

Il est d'autres combats
Que le feu des mitrailles
On ne se blesse pas
Qu'à vos champs de bataille

Barbara, *À mourir pour mourir*

À la mémoire d'Antoine Rault

Lieutenant, saint-cyrien de la promotion
Carrelet de Loisy (2007-2010)

Mort le 20 avril 2013 à 25 ans,
après trois ans de combat contre la maladie.

Pour sa foi et son courage exemplaires
et parce que je le lui avais promis.

CV+

SOMMAIRE

Troisième partie
Aumônier de la République

AVANT-PROPOS

Avec le temps, se découvrent à nous les contours mystérieux d'une carte invisible, où l'enchaînement des événements et des rencontres semble parfois trouver enfin un sens. C'est ce que nous autres, hommes de foi, appelons les desseins de la Providence ! Quand, la première fois, il m'a été donné (j'aime le sens profond de cette tournure) de rencontrer Guillaume Zeller sur le plateau d'une émission télévisée, un quelque chose de furtif me saisit : est-ce son regard, son nom qui ne peut m'être inconnu comme aumônier para ? Est-ce la voix, la façon de tendre la main ? Je ne sais. Si, peut-être une forme d'intelligence que je découvre dans le contenu et le ton de sa chronique. Toujours est-il que quelques mois après, quand apparaît la fiche de Guillaume sur mon écran d'ordinateur, sur lequel je consulte l'un des innombrables réseaux sociaux qui encombrent désormais nos vies, c'est presque naturellement que je lui propose d'entrer et de rester en contact.

Le 15 mars 2012, l'horreur semée par Merah sur le sol montalbanais me touche de plein fouet. Dans la tourmente et la violence de ces moments-là, il faudra écrire cette « fameuse » homélie pour Abel Chennouf, qui fera (modestement) le tour du Web. Cela fait un an et demi que l'essentiel de mon temps et de mon énergie est consacré à l'accompagnement des familles de nos camarades parachutistes tombés en Afghanistan : Morillon, Hugodot, Nunès-Patégo, Técher, Marsol, Gauvain, Guéniat, Tholy… Morts pour la France ! Pour vous ce ne sont que des noms… Pour moi des visages dans des cercueils, des camarades connus vivants, des épouses, des mères et des pères, des enfants, des pleurs, des souffrances, des incompréhensions. Et quand je vois mourir dans mes bras deux camarades de plus en ce mois de mars, oui, d'une certaine façon la coupe devient trop pleine.

Guillaume Zeller l'a compris. Si j'ai osé envoyer par email mon homélie pour Abel aux quelques journalistes que comporte ma liste de contacts, c'est pour lancer un cri d'alarme. Pitié ! Peut-on faire quelque chose pour que soit mieux honoré et reconnu le sacrifice de nos camarades militaires pour notre nation ? Peut-on essayer de mieux faire comprendre toute la noblesse et le désintéressement avec lesquels ces jeunes gens ont choisi de servir leur pays, notre pays ? Peut-on montrer le poids de souffrances qui pèse dès lors sur leurs proches et que les sommes d'argent déversées, la compassion médiatico-politique du moment, les honneurs rendus par l'armée, et même l'amitié des plus proches, n'allègent que très peu ? Et pour être franc, notre pays, la France, pourrait-il mieux honorer, respecter et rendre hommage à ces morts et leurs camarades vivants et surtout de manière plus réelle et concrète ?

C'est dans cet état d'esprit que j'ai accepté, non sans une certaine réticence au départ, la proposition de

Guillaume Zeller d'écrire ce livre. Ma réserve tenait à deux raisons principales. N'ayant pas encore cinquante ans, et malgré une certaine expérience de vie, je ne me voyais guère entrer dans le genre « mémoires », « feu sur mes traces », ou pire encore, hagiographique ! Et puis (l'écriture de ce livre me le prouvera), on ne touche pas indûment à l'intime de soi : cela fait souffrir et en plus, dans le milieu « catho » et militaire dans lequel je vis, il ne convient pas de « s'étaler ainsi en public ». Après ces hésitations, j'ai accepté cette collaboration avec Guillaume Zeller, d'abord et avant tout pour, à travers ces entretiens, rendre hommage à mes camarades militaires morts ou vivants. À ces hommes et ces femmes, dont finalement on parle peu, ou si mal. À ces sentinelles de la société auxquelles il est si peu rendu au regard des sacrifices qu'elles consentent. Ce livre est aussi pour moi l'occasion de reconnaître tout ce que j'ai pu recevoir en héritage, parfois dans la douleur, de mes parents, de ma famille, des amis prêtres et laïcs rencontrés au gré des circonstances, de mon pays et de mon Église.

Puissent ces lignes rendre hommage et reconnaissance aux uns et aux autres.

Père Christian Venard +

Première partie

UN PRÊTRE DU XXIᵉ SIÈCLE

Chapitre 1

HÉRITAGES

La guerre et la paix. La violence et la consolation. La mort et la vie. Les concepts que l'on associe à l'état d'aumônier militaire sont d'apparence contradictoire. Comment celui qui prône l'amour du prochain, à la suite du Christ, peut-il choisir d'être le témoin d'une des formes extrêmes de la violence humaine : la guerre ? L'engagement sacerdotal au sein des armées obéit à de multiples aspirations, qui parfois échappent à la raison « rationnelle », mais dont beaucoup se forgent au cours de la jeunesse.

***

Est-il possible de comprendre votre choix de servir comme prêtre au sein des armées sans prendre en compte les différents héritages dont vous êtes dépositaire et dont certains ont été transmis dès votre prime enfance ?

Je suis né le 21 avril 1966, hasard qui me réjouit car la tradition antique a fixé au 21 avril la date de la fondation de Rome. Pendant six ans, lors de ma formation dans ce haut lieu culturel et spirituel, j'ai pu donc chaque année jouir d'un magnifique feu d'artifice le jour de mon anniversaire ! J'ai vu le jour dans une clinique de Stains, non loin de Versailles, où mon père était en garnison. La tradition militaire est à l'origine de ma naissance. Mes parents se sont rencontrés à Diego-Suarès, à Madagascar, mon grand-père maternel y étant à l'époque officier à la Légion étrangère, et mon père – jeune lieutenant saint-cyrien – y avait été détaché après la guerre d'Algérie. Nous sommes sept enfants et je suis l'aîné. Vingt ans me séparent du benjamin de la fratrie qui compte un autre prêtre, mon frère Olivier, dominicain à l'école biblique de Jérusalem et un autre militaire, Guillaume.

Mes grands-parents maternels se sont rencontrés en 1943, à Oran et ma mère est née en 1947 en Tunisie. Mon grand-père, originaire du Périgord, s'appelait Fournier. Il avait fait la guerre de 1939-1945 dans les rangs de la 13ᵉ DBLE[1]. Plus tard, il a servi en Indochine et en Algérie. Sa femme était une Française d'Algérie issue de ces familles fortunées qui vivaient entre l'Espagne et Oran. Mes grands-parents paternels appartenaient aux « vieilles familles lyonnaises » et possédaient une propriété au sud de Lyon, à Vienne, notre berceau familial. C'est là qu'ils sont enterrés. Cette branche de la famille est très nombreuse puisque mon père, né en 1938 à Lyon, appartient à une fratrie de dix.

---

1. La 13ᵉ DBLE (demi-brigade de Légion étrangère) s'est notamment illustrée à Narvik (1940) et à Bir-Hakeim (1942).

Mes plus anciens souvenirs sont liés à des prises d'armes dans des casernes. Comme le fils d'un boulanger pourrait se rappeler avoir veillé, la nuit, près de son père, devant le fournil, je me souviens avoir déambulé à la caserne pour voir le mien. Je sens encore l'odeur très particulière du tabac qui flottait à l'époque sur ses vêtements quand il rentrait à la maison. Au plan religieux, mon plus vieux souvenir remonte à 1970 et à la prise d'habit de ma tante dominicaine.

L'héritage militaire et religieux dont je suis dépositaire est aussi lié à des souvenirs de vacances. Dans la propriété de mes grands-parents à Vienne, le dernier étage abrite un petit théâtre et des malles pleines de déguisements qui sont en fait les tenues civiles et militaires de nos ancêtres, dont un certain nombre d'uniformes des guerres de 1914-1918 et de 1939-1945. Gamin, je passe des heures à jouer à la guerre avec ces tenues en compagnie de mes quarante-sept cousins et cousines. Nous finissons d'user ces uniformes qui feraient pâlir d'envie les collectionneurs. Dans cette propriété, toute une littérature militaire, y compris enfantine, et une extraordinaire collection de soldats de plomb, nous rattachaient à l'univers militaire. Cette maison m'est un lieu de fondation. Mes ancêtres sont d'ici. Cette propriété a été construite par l'un de mes ancêtres. Mes racines sont là.

Pendant les vacances, nous y sommes organisés en strates. Enfant, on prend ses repas avec les autres enfants à l'office. Fréquenter le monde des adultes ne nous vient pas à l'idée et cela nous convient très bien ainsi. Nous sommes juste priés d'aller dans le salon des adultes à l'heure prévue pour dire bonsoir aux oncles et tantes, gentiment et poliment. Dans cette famille lyonnaise, l'affectif a peu de place. Très peu. Trop peu. « Tenez-vous » est le leitmotiv familial. À l'âge de sept ans, mon grand-père me serre la main. Je suis devenu un homme. On ne s'embrasse plus.

Dans cette propriété, le sentiment qui m'habite de communier avec une autre époque me rend sensible à la notion de continuité. À l'âge de seize ou dix-sept ans, je lis dans la bibliothèque de mes grands-parents un petit livre intitulé *Une famille noble sous la Terreur*[2], annoté par une tante de mon grand-père. Toutes ces notes m'indiquent que cette famille est en partie la mienne et me rattachent à un passé finalement proche. À la même époque, je lis les souvenirs d'une arrière-grand-tante racontant sa visite de l'Exposition universelle de Paris en 1889. Elle y exprime ses sentiments légitimistes et son horreur de la République. C'est ma famille, mon histoire, ma vie, et cela fait partie de moi. Je n'ai pas l'impression que l'histoire commence en 1966 parce que c'est l'année de ma naissance.

Cet héritage historique connaît son pendant du point de vue catholique. L'importance cruciale de la continuité est une conviction ancrée au fond de moi. L'homme moderne croit que tout commence avec lui dans un égocentrisme exacerbé. La société « classique » dans laquelle j'ai eu la chance de grandir, se veut plutôt une société d'héritage. Je me considère comme le maillon d'une longue chaîne, chargé de récolter un héritage et de le trans-

---

2. Alexandrine des Écherolles, *Une famille noble sous la terreur*, Plon, 1879.

mettre. Que l'on veuille faire de l'individu le début et la fin de toutes choses en vertu de pensées philosophiques dites modernes est une tendance que je regrette infiniment.

Fils de militaire, issu d'une famille profondément catholique aux traditions ancrées dans l'histoire, quel est le quotidien de votre enfance, au cœur des années 1970, juste après les bouleversements de mai 1968 ?

Notre famille vit un déménagement permanent, au gré des garnisons paternelles. Versailles, Charleville-Mézières, Montauban, Paris, Rennes, l'Allemagne… Mes tout premiers souvenirs d'enfant ont Charleville-Mézières pour théâtre. Je suis alors âgé de trois ou quatre ans. Comme tous les gamins de cette époque, je porte des chemises à col « pelle à tarte », des vêtements dont les teintes oscillent entre le orange et le marron. Plus tard, à la paroisse, je suis enfant de chœur. Je vis aussi une expérience marquante chez les louveteaux, rattachés au mouvement des scouts d'Europe qui s'étaient séparés des scouts de France une dizaine d'années auparavant. Ces activités me plaisent et sont très structurantes. En revanche, je déteste l'école, qui est pour moi un lieu d'oppression et d'angoisse.

Un événement fut à la fois destructeur et fondateur pour notre vie de famille. Lorsque nous quittons la région parisienne pour nous installer à Rennes en 1977, mes parents sont victimes d'un très grave accident de voiture. L'accident survient début juillet et ils ne sortent de l'hôpital qu'à la fin du mois d'août. Ma mère est totalement défigurée : le moteur de la voiture lui est arrivé en pleine tête. Quand je la revois deux mois après, son visage est entièrement bandé et nécessite de multiples interventions chirurgicales. On ne peut imaginer ce que cela représente pour un enfant de onze ans. Dès lors, je me retrouve contraint de me gérer seul et de m'occuper de mes frères et sœurs, tandis que ma mère essaie de se remettre de cet accident, et que mon père, jeune et brillant lieutenant-colonel, tente – sans y parvenir toujours – d'être présent autant que possible. Cette période douloureuse a duré jusqu'à ce que nos parents surmontent l'épreuve grâce à leur foi et à leur famille, qui leur ont permis de survivre au sens strict. Pour nous, les aînés de la fratrie, la trace de cet accident demeure indélébile.

Les héritages ne peuvent, à eux-seuls, expliquer l'émergence d'une personnalité. Y a-t-il eu des rencontres déterminantes dans votre parcours de jeunesse ?

Un personnage m'a beaucoup marqué, ainsi que mon frère dominicain. À Rennes, dans la paroisse Saint-Aubin que nous fréquentons, un professeur à la retraite figure parmi les paroissiens. Le professeur Jacques-André Vier[3], professeur émérite et universitaire, est un grand humaniste et un grand critique littéraire. Il avait correspondu avec Gide, Malraux, Ionesco, Giraudoux ou encore

---

3. Jacques-André Vier (1904-1991) est, entre autres, l'auteur de *Gide,* coll. « Les écrivains face à Dieu », Desclée de Brouwer, 1970, et d'une *Histoire de la littérature française, XVIᵉ et XVIIᵉ siècles*, Armand Colin, 1967.

Anouilh. À la demande de mes parents, il accepte de nous recevoir tous les mercredis après-midi pour suppléer les défaillances de mon professeur de littérature, un prêtre original, qui nous fait écouter des chansons de Jacques Brel, lire du Boris Vian, et s'en prend régulièrement aux « aristocrates » dans un langage ordurier. Nous voici donc, mon frère et moi, âgés de quatorze ou quinze ans, passant nos mercredis après-midi avec cet universitaire hors pair qui nous introduit à la littérature et à l'intelligence. Il s'adresse à nous comme à des adultes. Grâce à lui, nous sommes un jour avec Guillaume Apollinaire, à la veille du premier conflit mondial, et nous partageons ses sentiments. La semaine suivante, nous écoutons Madame de Sévigné dans son château des Rochers, près de Vitré. Le mercredi d'après, nous entendons Robespierre éructant son discours pour réclamer la mort du roi et nous *sommes* à l'Assemblée ! La séance d'après, nous rencontrons André Gide. Ses cours nourrissent en moi le sentiment d'appartenir à une civilisation et à un pays dont la richesse est inégalable. Non pas par une reconstruction, mais parce que c'est une réalité. Le professeur Vier est aussi un homme de combat intellectuel et un polémiste. La pensée fondamentale qu'il me transmet alors, que j'ai essayé de mettre en application dans ma vie, consiste à préserver en toute situation sa liberté de penser et à ne pas rentrer dans les systèmes de partis. De fait, les deux seules institutions auxquelles j'appartiens aujourd'hui sont l'Église catholique et l'institution militaire. Pour la seconde, cette appartenance pourrait prendre fin du jour au lendemain en fonction d'une décision personnelle ou du commandement militaire. Pour la première, c'est un engagement pour la vie et même pour la vie éternelle !

Quand vous arrivez à Paris en 1983, quelles études entreprenez-vous ? Imaginez-vous déjà entrer au séminaire pour devenir prêtre ?

À dix-sept ans, j'arrive à Paris avec un bac C[4] en poche et j'entreprends des études d'histoire et de droit dans le cadre d'un double cursus à Paris IV et Paris II. Je poursuis deux objectifs. Le premier se veut intellectuel : je veux connaître en profondeur l'héritage de la philosophie des Lumières et de la Révolution française pour mieux le comprendre. Dans le prolongement de ce que m'avait enseigné le professeur Vier, je pense qu'il n'est pas étranger à une partie des maux intellectuels de notre société et je souhaite en maîtriser toutes les dimensions. À cet égard, la lecture de *La Crise de la conscience européenne* de Paul Hazard est déterminante pour moi[5]. Je me passionne aussi pour la pensée de François Furet, dont je continue à admirer le cheminement intellectuel[6]. Mes études sont un combat. Je suis passionné par tout. Je dévore tout. Je veux me confronter à toutes ces idées, dont beaucoup me déplaisent. Aussi naïf que cela puisse

---

4. Bac scientifique, l'équivalent du bac S contemporain.
5. Paul Hazard, *La Crise de la conscience européenne (1680-1715)*, 3 vol., Boivin éd., 1935.
6. François Furet (1927-1997), historien de la Révolution française. Parmi ses nombreux ouvrages : *Penser la Révolution française*, Gallimard, coll. « Bibliothèque des Histoires », 1978.

paraître aujourd'hui, mon second objectif est de devenir le plus jeune titulaire d'une chaire en histoire ou en histoire du droit. Pourtant, une voix ne cesse de murmurer au fond de moi que là ne sera pas ma vie. De 1988 à 1989, j'accomplis mon service militaire comme professeur à l'École militaire, à l'EMSST[7], où je suis chargé d'enseigner l'histoire des idées politiques, domaine dans lequel j'ai choisi de me spécialiser. Cette année est particulièrement chargée, puisque outre le service militaire, je passe mes DEA[8] et m'apprête à créer une entreprise. Cette suractivité sert aussi à couvrir des questionnements personnels profonds.

Pour gagner ma vie, j'avais commencé à travailler pour une entreprise parisienne spécialisée dans la formation professionnelle pour le secteur dentaire. J'y gagne très bien ma vie en accomplissant des missions de recrutement. Cependant, j'estime que la formation dispensée et les méthodes utilisées sont peu satisfaisantes. Avec un collaborateur, nous projetons de monter une société concurrente pour mettre nos idées en application. En septembre 1989, à l'âge de vingt-trois ans, je fonde une entreprise baptisée ESAD, acronyme d'École supérieure d'assistanat dentaire. Cette décision m'empêche de poursuivre mes travaux universitaires. Mes DEA sont bouclés et mon sujet de thèse est déposé : « Théories et pratiques de la représentation politique en France du bas Moyen Âge jusqu'à l'époque moderne ». Mais

---

7. Enseignement militaire supérieur scientifique et technique.

8. Diplôme d'étude approfondie, équivalent aujourd'hui du master 2.

27

je ne peux plus y travailler car l'ESAD me prend trop de temps. Au cours de cette expérience de l'entreprise, je reçois des coups mais j'apprends beaucoup, comme l'art de travailler ensemble malgré les divergences, la solitude du chef ou encore l'importance de la prise de décision. J'en conserve depuis un grand respect pour les entrepreneurs. L'ESAD finit par devenir profitable et j'en assurerai la gestion directe jusqu'à mon entrée au séminaire en 1992. Au regard des études que j'avais suivies et de l'horreur que je professais du « monde commercial », ma situation de jeune chef de PME en a fait pouffer plus d'un.

Si je considère aujourd'hui cette petite dizaine d'années, depuis le lycée jusqu'à mon entrée au séminaire, je m'aperçois que je n'ai jamais été un adolescent et encore moins un « adulescent » au sens psychologique de ces termes. J'éprouve le sentiment d'être directement passé de l'enfance à l'âge adulte. L'éducation prodiguée par mes parents, ainsi que leur accident, m'ont sans doute obligé à acquérir trop vite une certaine maturité.

Parallèlement à vos études ou à vos débuts professionnels, avez-vous alors une vie amoureuse ou bien la question sacerdotale vous travaille-t-elle déjà ?

En tout bien tout honneur, j'ai été proche de certaines jeunes filles, mais jamais je n'aurais voulu m'engager dans une relation plus profonde. Je savais qu'au fond de moi se posait en effet la question de la vocation sacerdotale. Aller plus loin aurait été malhonnête vis-à-vis d'elles et de moi-même tant que j'étais dans le doute. S'il s'agit de se jeter sur la première fille venue pour assouvir un penchant sexuel, tout aurait été possible, mais ce n'est pas l'éducation que j'ai reçue. Je ne peux donc pas dire que j'ai livré un combat de ce point de vue-là. Le vrai combat qui m'occupe alors et consomme suffisamment de mon énergie, c'est de savoir si oui ou non le Seigneur m'appelle. Le Bon Dieu donne sa grâce à ceux qu'Il appelle : l'attirance qu'Il provoque dans l'âme surpasse tout *in fine*. Nous sommes des êtres finis et notre capacité d'aimer n'est pas infinie. Le Christ lui-même le dit : « Celui qui aime son père ou sa mère plus que moi n'est pas digne de moi[9]. » C'est sans doute encore plus vrai pour une âme qu'Il veut s'attacher de manière particulière dans le sacerdoce et dans la vocation.

À l'époque, nous ne subissions pas la pression que supporte la jeunesse d'aujourd'hui. Quand j'étais en classe de terminale, en 1982-1983, il ne nous paraissait pas anormal que l'immense majorité d'entre nous ne soit pas en couple. Trente ans plus tard, le garçon ou la fille dépourvu de petite copine ou de petit copain, paraît anormal. Ma vie ne se concentrait pas sur la question de savoir si je plaisais ou non. Le manque de liberté des jeunes gens de vingt-cinq ou trente ans d'aujourd'hui est saisissant. Ils vivent en permanence dans des enjeux de séduction. Le phénomène est symptomatique sur les réseaux sociaux et sur Facebook en particulier. À l'époque nous étions plus libres. Pendant mes années d'étudiant, dans la bande d'amis que nous formions à Paris, nous ne passions pas

---

9. Mt 10, 37-42.

l'essentiel de notre temps à nous poser la question de savoir qui allait se jeter sur qui et quand. Ce n'est pas la sexualité qui pose problème, mais l'idée que la sexualité devrait être prédominante en toutes choses, ce qui conduit à un tragique manque de liberté.

Chapitre 2

L'APPEL

Quand un individu décide de consacrer sa vie à Dieu, on parle de « vocation ». Étymologiquement : « l'appel ». Des hommes et des femmes, libres, consentent à renoncer en particulier au confort de l'argent, à l'orgueil du pouvoir et à la chaleur de la vie conjugale. Qu'on s'en félicite ou qu'on le déplore, ce choix est aux antipodes des valeurs contemporaines. L'abbé Christian Venard l'a fait. Non sans interrogations, non sans déchirements, non sans renoncements. Mais animé de profondes certitudes.

***

On imagine souvent, à propos des vocations sacerdotales, que celui qui choisit de devenir prêtre, est saisi d'une intuition aussi fulgurante qu'inexplicable. Comment avez-vous entendu cet « appel » ?

Je n'ai pas reçu un matin un petit papier porté par un ange au pied de mon lit me disant : « Toi, tu es choisi comme prêtre. » Dans mon cas, cet appel était inscrit depuis très longtemps. Dans les psaumes, il est dit : « Tu m'as choisi dès le sein de ma mère[1] », citation que l'on applique d'abord au Christ, mais aussi à la vocation. Dieu a un plan d'amour pour chacun d'entre nous et pour ceux qu'Il veut s'adjoindre de manière particulière comme prêtres. Son appel s'inscrit dès le sein de la mère... car Il nous connaît de toute éternité !

La révélation, au sens d'une révélation photographique, remonte à un camp de louveteaux. J'ai huit ans. Je vais me confesser à l'aumônier. Nous sommes dans un champ et je me confesse en marchant. Après l'absolution, l'aumônier continue à discuter avec moi de choses et d'autres et soudain me demande : « N'as-tu jamais songé à être prêtre ? » Je n'ai aucun souvenir de la réponse que j'ai pu lui donner. Comme petit garçon, j'étais quelqu'un de plutôt réservé et je ne pense pas lui avoir répondu oui. Mais sa question a débouché sur une illumination personnelle. Je découvre que je porte cet appel en moi, conviction qui ne m'a plus jamais quitté.

Quand j'y resonge, ce verset d'un psaume me vient à l'esprit : « Le soin de Ta maison fait mon tourment Seigneur[2]. » En effet, cette idée qui m'habite soudain devient presque un tourment. « Seigneur, pourquoi m'appelles-tu ? Pourquoi veux-tu de moi ? » Alors que se révèle cet appel, des doutes surgissent en nombre. On peut livrer de ces interrogations une interprétation religieuse : le diable, pour s'opposer au projet de Dieu, essaie

---

1. Ps 70, 6.
2. Ps 69, 10, cité dans l'Évangile (Jn 2,17).

à toutes forces d'empêcher une vocation de naître. Dans notre foi chrétienne, on dit souvent qu'une des choses que le diable déteste le plus, c'est une âme sacerdotale. C'est pourquoi le démon s'attaque de préférence aux prêtres, en essayant de les détourner de ce pour quoi ils sont faits : le salut des âmes. Parallèlement à ces doutes, je me prends à considérer que je ne suis pas digne du sacerdoce. Qui suis-je pour oser y prétendre ? Ces interrogations puisent dans mon éducation chrétienne, dans une vision du prêtre, magnifiée et sulpicienne, qui m'agace aujourd'hui. Je fais donc face à un grand paradoxe, travaillé par ces doutes d'un côté et cette certitude de l'appel de l'autre.

À huit ans, je ne me pose pas la question de savoir pourquoi je veux être prêtre. Je suis un petit garçon et on m'a dit qu'il est bon d'aimer Dieu qui est alors pour moi aussi évident que la respiration. Cette évidence immédiate ne m'a jamais quitté non plus. Dans le même temps, je constate bien que dans ma vie je ne L'aime pas tous les jours. Que tout ce que je fais n'est pas toujours bon. Qu'il m'arrive de commettre des péchés de gourmandise ou d'orgueil, de me mettre en colère, ou de commettre d'autres péchés d'enfant. Mais, outre mes parents, je suis guidé par une série de figures sacerdotales qui m'aident à avancer. Je songe bien sûr à ce prêtre qui m'a posé cette question « étincelle » et qui me touche par sa piété et l'attention qu'il porte à bien célébrer la messe. Je me souviens aussi des saints prêtres de la paroisse Saint-Aubin que j'ai connus quand nous habitions Rennes. Au cœur des réformes liturgiques les plus déconcertantes, ils étaient demeurés fidèles à la tradition de l'Église sans entrer en rupture avec Rome ou l'épiscopat français. Par leur mode de vie et leur action pastorale, ils ont fait preuve d'une crédibilité qui m'a beaucoup influencé. Si j'avais rencontré sur ma route un prêtre pédophile, peut-être cela aurait-il ruiné à tout jamais la possibilité pour moi de répondre à cette vocation. J'ai eu la chance et la grâce de croiser des prêtres qui étaient de bons prêtres. Ils n'étaient pas attirants au sens mondain du mot. Plutôt âgés, je n'avais pas du tout envie de leur ressembler. Mais il émanait d'eux quelque chose qui les rendait crédibles et reflétait une autre réalité, et cette réalité me parlait. Parce que cette réalité, Dieu lui-même l'habitait déjà.

Dans ma tête d'enfant, tout cela est très sérieux. Il ne faut jamais faire d'enfantillages avec les enfants. Ils sont souvent plus mûrs que les adultes en matière spirituelle. Tout gamin, je suis capable de comprendre des enjeux spirituels profonds et parmi eux le plus important : le salut de mon âme. Ou je me trompe sur ma vocation, auquel cas je n'ai pas le droit d'approcher le sacerdoce et de m'arroger une fonction à laquelle je ne suis pas appelé. Ou je ne me trompe pas et le cas échéant, il est de la plus grande importance de bien répondre à cet appel. Ce conflit intérieur me suit durant toute ma jeunesse sans que j'en parle à personne.

L'Église traverse alors de fortes turbulences consécutives aux réformes post-conciliaires. Sans doute ont-elles aussi des conséquences sur ma vocation. Je conserve peu de souvenirs de Paul VI[3]. Plus tard, je redécouvrirai ce

---

3. Giovanni Battista Montini (1897-1978). Pape de 1963 à son décès sous le nom de Paul VI.

grand pape grâce au livre d'Yves Chiron[4]. Je me souviens de conversations d'adultes au cours desquelles on répétait à son propos : « Il n'est pas possible que le pape soit au courant de ce qui se passe dans l'Église ! »… Je découvre peu à peu les luttes intestines qui traversent l'Église de France. Grâce à Dieu, je les découvre dans un milieu plutôt apaisé, dans cette paroisse de Rennes qui applique la liturgie dite de Vatican II. On y chante le *Gloria* en latin, mais aussi les chants de l'époque – aujourd'hui très datés – dont certains, comme *Aube nouvelle*, sont de véritables « tubes » dans les paroisses ! C'est aussi à cette époque que je découvre l'existence de Saint-Nicolas-du-Chardonnet[5] et une lutte au sein du catholicisme qui n'est pas étrangère aux conflits politiques de l'époque.

À l'âge de quinze ans, je ne peux concevoir autre chose que m'affirmer royaliste. La seule solution que j'identifie pour résoudre tous les problèmes qui surgissent autour de moi, c'est le retour du roi. Cela peut faire sourire et cela me fait sourire aujourd'hui. Mes convictions ont évolué au cours de mes études, mais je ne renie pas ce passé. Aujourd'hui encore, pour reprendre le titre d'un livre de Vladimir Volkoff, je ne me sens que « moyennement démocrate[6] » !

---

4. Yves Chiron, *Paul VI, Le pape écartelé*, Perrin, 1993.

5. Cette église parisienne a été « occupée » à partir de 1977 par la fraternité sacerdotale Saint-Pie X, fondée par Mgr Marcel Lefebvre.

6. Vladimir Volkoff, *Pourquoi je suis moyennement démocrate*, éditions du Rocher, 2002.

Jean-Paul II est élu le 16 octobre 1978. C'est sous son pontificat que mûrit puis s'accomplit votre vocation. Quelle est l'influence de ce pape dans votre propre itinéraire ?

C'est dans un autocar, à l'occasion d'un voyage de classe dans le marais poitevin, que notre professeur nous annonce l'élection du nouveau pape qui prend le nom de Jean-Paul II. Je comprends vite que ce nouveau pape fait peur à ceux qu'on appelle les « progressistes ». Qu'est-ce que le progressisme à l'époque ? Pour le jeune scout que je suis, c'est le curé qui me jette à la porte de son église en m'expliquant qu'appartenant aux Scouts d'Europe, je ne fais pas partie de l'Église catholique. C'est constater, en me rendant dans différentes paroisses, que des prêtres célèbrent la messe mais ne respectent pas le missel[7] : la cérémonie commence vaguement par un signe de croix, mais ce qui s'ensuit ne ressemble plus à rien. C'est découvrir que dans l'école catholique que je fréquente, on pratique les absolutions collectives[8], alors que cela a été interdit, y compris par l'archevêque de Rennes. Je prends alors conscience que nous ne sommes pas dans un monde de « Bisounours »... ou plutôt dans un monde de « Casimir[9] » pour rester fidèle

---

7. Missel : livre d'autel dans lequel le prêtre trouve pour chaque messe les textes propres et le rituel avec les rubriques pour bien célébrer.

8. L'absolution est le fait de pardonner les péchés. Elle doit être individuelle, accusation personnelle des péchés auprès d'un prêtre. L'absolution collective étant réservée à des cas particuliers (comme en cas de guerre).

9. Héros de l'émission enfantine « L'île aux enfants », diffusée de 1974 à 1982.

aux figures de l'époque. Cette confrontation fait naître en moi l'idée que je dois me former et que j'ai le devoir de lutter. Une parole évangélique très forte, entendue tout au long de mon enfance, devient une forme de réalité. Elle m'est transmise mon père : « Oui c'est oui, non c'est non, le reste c'est l'affaire du démon[10]. »

Dans ce contexte, Jean-Paul II apparaît comme une espérance. Alors qu'un certain nombre de prêtres et d'évêques français prennent des initiatives peu lisibles, ce pape sait où il va. Nous avons le sentiment que la barre est reprise. La « génération Jean-Paul II » naît alors. Les quelques prêtres qui se risquent à l'époque à être aumônier des Scouts d'Europe nous enseignent qu'il faut étudier les discours et la pensée du pape et revenir aux textes fondamentaux de l'Église. L'arrivée de Jean-Paul II résonne comme le souffle d'une espérance, portée par un personnage charismatique et médiatique qui nous enthousiasme.

Le 1er juin 1980, je participe avec les scouts à la messe célébrée par Jean-Paul II au Bourget lors de son premier voyage en France. Nous sommes parqués le plus loin possible de la tribune où se dresse l'autel papal. Au plan liturgique, la messe est innommable. Les chants insipides sont accompagnés d'une guitare pathétique. Nous sommes désemparés. Le pape est là mais nous ne nous reconnaissons pas dans ce que nous voyons. Nous sommes furieux de voir les évêques de France ensoutanés jusqu'à la tête, alors qu'en temps normal ils pourchassent les prêtres qui portent la soutane ou même le

---

10. Mt 5, 37.

simple clergyman. Nous avons le sentiment d'assister à une immense comédie. Pourtant, instant extraordinaire, la voiture du pape passe soudain devant nous et Jean-Paul II nous salue. Explosion de joie. Son interpellation fameuse – « France, fille aînée de l'Église, qu'as-tu fait des promesses de ton baptême ?[11] » – me transperce le cœur. Ses mots et ses actes sont autant de digues qu'il monte contre la décomposition de l'Église à laquelle j'assistais impuissant. À partir de ce jour, des prêtres commencent à reprendre courage.

En ce début des années 1980, l'ambiance est mortelle du point de vue social et politique. Jean-Paul II vient raviver notre espérance. Les « Trente Glorieuses » sont loin derrière nous, la menace nucléaire toujours présente, et on commence à parler du sida. Les coups de butoir assénés depuis mai 1968 à l'organisation traditionnelle de la France, qui n'était certes pas exempt de critiques, se poursuivent. Rétrospectivement, ma pensée peut paraître peu charitable, mais je me dis alors que face à ces évolutions, je n'ai pas le droit d'être médiocre. Comment ne pas chercher à être fidèle à tout ce que j'avais reçu ?

---

11. Voici le passage complet de cette intervention célèbre de Jean-Paul II : « Alors permettez-moi, pour conclure, de vous interroger : France, fille aînée de l'Église, es-tu fidèle aux promesses de ton baptême ? Permettez-moi de vous demander : France, fille aînée de l'Église et éducatrice des peuples, es-tu fidèle, pour le bien de l'homme, à l'alliance avec la sagesse éternelle ? Pardonnez-moi cette question. Je l'ai posée comme le fait le ministre au moment du baptême. Je l'ai posée par sollicitude pour l'Église dont je suis le premier prêtre et le premier serviteur, et par amour pour l'homme dont la grandeur définitive est en Dieu, Père, Fils et Esprit. »

Cela a pu parfois prendre des formes caricaturales. On est tous un peu stupide entre quinze et vingt-cinq ans, et tant mieux. Je ne reprendrais sûrement pas de la même manière des choses que j'ai pu dire, faire ou penser à l'époque. Pour de bonnes et de mauvaises raisons, assorties d'une pointe de dandysme et de provocation, je ne voulais pas être comme tout le monde.

Au-delà de vos interrogations intimes sur la nature de votre vocation, quels sont les obstacles extérieurs que vous trouvez sur votre chemin ?

La dimension conjugale que nous avons déjà abordée est importante, mais non essentielle. Pour notre époque, la continence à laquelle s'engagent les prêtres et les religieux semble un obstacle insurmontable, sinon un scandale. À ce sujet, j'emprunte une analyse à mon ami, le frère dominicain David Macaire, qui l'emploie volontiers lors de ses conférences. Ce qui intéresse le monde n'est pas de savoir si les prêtres se marient ou non, mais ce qu'ils font ou non avec leur sexe. Que les gens se marient ou non, tout le monde s'en fiche. Des dizaines de « *people* » ne sont pas mariés sans que cela n'interpelle quiconque. Mais que des hommes ou des femmes adultes choisissent, de manière délibérée, de ne pas avoir d'activité sexuelle, voilà qui choque le monde. La question de la sexualité ne peut être au cœur d'une vocation. En revanche, confronté comme tout un chacun aux difficultés de maîtriser sa sexualité, cette dimension s'ajoute aux questionnements de celui qui réfléchit à sa vocation. Si je ne suis pas capable d'être aussi maître de moi que je le voudrais, puis-je songer de surcroît à une vocation qui exige la continence ? La question de la sexualité se pose, mais aborder la vocation sous ce seul prisme, comme le fait le monde, n'a pas de sens. Parmi les freins à la vocation, je placerais donc la sexualité à sa juste place, ni plus ni moins, dans ce que je nomme l'appel du monde en général : mener sa vie, se marier, avoir des enfants, gagner beaucoup d'argent... Rien ne pouvait m'empêcher d'avoir cette vie-là. Mais demeurait en moi une question plus profonde : savoir si Dieu m'appelait ou non.

La crise profonde que traverse alors l'Église est un deuxième frein car je ne me retrouve pas toujours dans cette Église-là. Déjà enfant, alors même que j'ignore encore les différences entre progressistes et intégristes, j'ai du mal à me reconnaître dans ce que je vois. Le clergé majoritaire – et je ne lui jette pas la pierre – ne me renvoie pas l'image d'une autre Réalité. Je n'ai pas envie d'être un « animateur de communauté », de me promener avec une grande aube qui fasse dix fois mon tour de taille et une étole informe en grosse laine. Je ne me reconnais pas non plus dans les courants les plus traditionnalistes, notamment ceux qui gravitent autour de Saint-Nicolas-du-Chardonnet. La crise liée aux sacres épiscopaux[12] frappe alors l'Église de plein fouet, ce qui ne facilite pas l'apaisement du climat. Je ne nie pas que je suis attiré par cette sensibilité car j'y trouve un christianisme qui me parle et me semble plus fidèle à ses sources. J'y distingue

---

12. En 1988, Mgr Lefebvre ordonne cinq évêques de sa propre initiative sans l'aval du Vatican. Cette décision conduit à son excommunication.

40

toutefois une forme de rigidité et une défiance vis-à-vis de la papauté qui ne me semblent pas en accord avec l'expression ultime de la foi catholique. De cet écart entre ces deux pôles surgit une difficulté concrète à me projeter comme prêtre : où et pour faire quoi ?

Troisième et dernier frein à ma vocation, le milieu clérical, que j'ai appris à mieux connaître en grandissant, ne m'attire pas beaucoup. Pour ce que j'en côtoie, c'est un milieu qui me fait penser à une cour d'école, pleine de petites jalousies, de petites crises et de petites rancœurs… C'est aussi un milieu très dur, où tous les coups sont permis… La lecture, à plusieurs reprises, du *Curé de Tours* de Balzac[13] me conforte dans cette opinion.

Comment expliquer alors, malgré ces freins majeurs, la persistance de votre vocation ?

Quand le Bon Dieu veut quelque chose, il sait se servir de tout. En 1989, mon frère Olivier, plus jeune que moi d'une année, brillant normalien, entre au séminaire où il ne restera pas, puisqu'il rejoindra l'ordre dominicain[14]. Une de mes très bonnes amies, qui est aussi religieuse dominicaine, me demande un jour quels sentiments me procurent l'entrée de mon frère au séminaire. Je lui réponds sèchement que cela ne la regarde pas, alors que je ne cesse de me dire : « Si lui a eu le courage de fran-

---

13. Honoré de Balzac, *Le Curé de Tours*, Gallimard, coll. « Folio », réed, 1976.

14. L'ordre des frères prêcheurs, dits dominicains, fut créé par saint Dominique (1170-1221) au début du XIIIe siècle, à Toulouse.

chir le pas, toi, tu n'en es pas capable. » Au cours de la même conversation, elle s'enquiert de savoir si un prêtre m'accompagne. Je lui réponds par la négative. Par amitié – comme quoi Dieu se sert de tout – je lui promets que j'irai trouver un prêtre. Je vais alors rencontrer l'abbé Christian Laffargue[15], membre de la Fraternité Saint-Pierre[16] tout en lui déclarant d'emblée que je n'ai aucune envie de le voir, mais que je suis tenu par une promesse. Je lui avoue finalement que depuis l'âge de huit ans, je me demande si Dieu m'appelle. Sa première réponse, qui restera gravée dans ma mémoire, consiste à m'enjoindre de ne plus songer à la vocation. « Quand les idées de vocation vous viennent à l'esprit, évacuez-les », m'explique-t-il. Cette recommandation m'a pris à rebrousse-poil, mais m'a satisfait. L'homme avait l'air sérieux. Plusieurs mois après, lorsqu'il me demande où j'en suis, il me faut bien lui répondre que malgré mes efforts, l'idée du sacerdoce me revient sans cesse à l'esprit. L'abbé Laffargue m'autorise alors à y resonger et oriente mes lectures spirituelles. Peu à peu, nous en arrivons à la conclusion qu'il existe bien en moi une vocation sacerdotale. Reste à savoir où.

Que l'on soit appelé à être religieux ou prêtre diocésain, l'Église reconnaît une vocation par la voix des supérieurs dans le cas des congrégations religieuses, ou par la voix

---

15. Auteur de *Pour l'amour de l'Église*, entretiens avec Annie Laurent, Fayard, 1999.

16. Fraternité sacerdotale, créée par plusieurs prêtres, après le schisme lefebvriste, pour continuer à recevoir des candidats au sacerdoce désireux de conserver la liturgie dite de saint Pie V, tout en restant dans l'obéissance au pape.

de l'évêque dans le cas des prêtres diocésains. Le Seigneur n'appelle pas un individu à être une « tomate hors sol ». Il veut qu'une vocation s'incarne dans un endroit précis. L'objectif n'est pas de se faire plaisir, mais de répondre à l'appel de Dieu : où Jésus veut-il que je sois ? À cette époque, au regard de ce que je vois de la situation de l'Église de France, je suis très tenté par la Fraternité Saint-Pierre. Toutefois en me rendant à Wigratzbad[17], je réalise que tel n'est pas mon destin. Les trois jours durant lesquels j'y fais une visite comptent parmi les plus pénibles de ma vie. Je ressens un mal-être total. Physique, psychologique, moral et spirituel. Une impression de peur. À mon retour, je fais le point avec l'abbé Laffargue qui se révèle d'une très grande honnêteté. Alors qu'il appartient lui-même à la Fraternité Saint-Pierre, il considère que mes réticences sont un signe. Sur sa suggestion, je m'oriente alors vers l'évêque de Versailles et l'évêque de Sens-Auxerre que j'ai la chance de connaître un peu grâce à des liens familiaux.

Comme j'habite Versailles, je vais en premier trouver l'évêque du diocèse, Mgr Jean-Charles Thomas[18]. Ayant écarté la piste de la Fraternité Saint-Pierre mais aussi celle des dominicains, je m'interroge avec lui sur la possibilité de devenir prêtre diocésain. Estimant qu'il y a un nombre satisfaisant de séminaristes à Versailles, il m'oriente vers Mgr Gérard Defois[19], l'évêque de Sens-

---

17. Maison de formation des membres de la Fraternité Saint-Pierre en Allemagne.

18. Évêque de Versailles de 1986 à 2001.

19. Évêque de Sens-Auxerre de 1990 à 1995, puis de Reims (1995-1998) et enfin de Lille (1998-2008).

Auxerre. Grâce à ce dernier, je découvre comment Dieu nous surprend toujours, dès lors qu'on Lui répond ; et qu'Il nous mène souvent là où l'on n'avait pas prévu d'aller. C'est souvent le signe que c'est bien Lui qui dirige la barque. Mgr Defois me recommande d'accomplir le tour de France des propédeutiques[20]. En septembre, quand je viens le revoir, je lui explique que j'irais volontiers à la propédeutique d'Aix-en-Provence, si telle était sa décision, car mes parents viennent d'arriver à Marseille et mon frère y est au noviciat dominicain. Nous évoquons ce point avant le dîner au cours duquel nous parlons de choses et d'autres, à la suite de quoi nous retournons dans son bureau. Mgr Defois fumait beaucoup la pipe. Tout en l'allumant, il compose un numéro de téléphone et échange quelques mots avec son interlocuteur que je ne connaissais pas alors. Mgr Defois prend quelques notes, raccroche et m'annonce que je pars dans les quinze jours à Rome, au séminaire français. Jamais je n'avais songé à cette hypothèse. Je lui objecte que je ne sais pas parler italien. Il me dit que j'apprendrai. Je lui parle de ma PME et de la transition que je dois organiser. Il me répond que j'ai quinze jours pour cela.

En cet été 1992, j'ai très peur d'annoncer mon entrée au séminaire à mes parents. Un an auparavant, mon frère a déjà emprunté ce chemin. Je peux pressentir que mon choix ne sera pas évident pour eux. C'est en fait l'abbé Laffargue qui a annoncé à mon colonel de père que j'étais

---

20. Lieu de discernement vocationnel où séjourne le postulant avant de débuter les études de philosophie et de théologie au séminaire.

venu le voir pour lui faire part de mon projet. Lorsque nous en parlons ensuite, mon père manifeste sa joie sans réserve et me demande qui l'annoncera à ma mère. Très « faux-jeton », je lui laisse le soin de s'en charger. Le lendemain matin, c'était un dimanche, je la trouve pleurant dans la cuisine. Il lui faudra tout l'été pour qu'elle se fasse à cette idée.

Étudiant à Paris, jeune dirigeant de PME, votre parcours semble animé par une recherche permanente et précoce d'indépendance. Pourtant, en décidant d'entrer au séminaire, vous optez pour un état qui exige une grande obéissance. Comment avez-vous vécu cette rupture ?

Pour m'amener à ce choix, il fallut le travail de la Grâce et l'aide de mon père spirituel, l'abbé Laffargue, qui m'a montré que tel était pourtant bien là le chemin. Saint François de Sales[21] me fut d'une aide précieuse et je me suis beaucoup plu en sa compagnie. C'était un sacré personnage, très colérique, pourtant surnommé « l'apôtre des doux ». Que recherche-t-on à travers l'obéissance sacerdotale ? D'abord – c'est essentiel – on tente de discerner le projet de Dieu pour notre vie, tout en se disant que ce qu'Il veut pour nous est plus important que ce que nous pensons. La seconde raison est plus psychologique. Après des années de tourment intérieur – dont il ne faudrait cependant pas exagérer l'ampleur – je cherche alors

---

21. François de Sales (1567-1622) est un évêque savoyard, proclamé saint et docteur de l'Église catholique. Son œuvre la plus connue est l'*Introduction à la vie dévote*, Seuil, coll. « Livre de Vie », 1995.

une paix. Et j'en trouve enfin une forme dans l'obéissance et l'acceptation de ne plus être le seul maître à bord. Saint François de Sales le dit dans son langage imagé : pour attraper les « mouchons[22] », on ne prend pas du vinaigre mais du miel. Quand le Seigneur veut quelque chose pour une âme, pour l'attirer, il lui fait goûter du miel. J'ai vécu cela – non sans difficultés et questionnements – comme un profond apaisement. Je ne suis plus maître de ma vie. J'ai trouvé le Maître de ma vie. Le Christ.

Si le Seigneur vient vous retrouver dans la paix, c'est pour mieux soulever ensuite la tempête. « Je suis venu allumer un Feu sur la Terre et comme je voudrais que déjà il soit allumé[23] ! », dit Jésus. Sur le moment, je vis un profond apaisement, mais je vais découvrir ensuite que la parole de Dieu est un « glaive tranchant[24] ». Dieu ne s'est pas incarné pour que nous nous reposions. « Le disciple n'est pas plus grand que le Maître[25] », et si le Maître est passé par la passion et la mort, alors le disciple passera par la passion et la mort. Cela, il le fait sentir très vite !

22. Les abeilles.
23. Lc 12, 49.
24. He 4, 12.
25. Jn 13, 16.

Chapitre 3

DU SÉMINAIRE
À L'ORDINATION SACERDOTALE

On ne devient pas prêtre de l'Église catholique du jour au lendemain. Entre la découverte de la vocation et la cérémonie de l'ordination sacerdotale s'écoulent de longues années de discernement et de formation. Suivant des modalités différentes, tous les prêtres les ont vécues depuis le concile de Trente[1]. Ce fut donc le cas de l'abbé Christian Venard, alors même que se désertifiaient les séminaires occidentaux.

***

Vous arrivez au séminaire français de Rome en septembre 1992. Quelles sont vos premières impressions ?

J'arrive à Rome un dimanche et tombe, de ce jour, amoureux de « La Ville ». Je suis subjugué. Vingt années

---

1. Le concile de Trente (1542-1560) décidera, entre autres, la création des séminaires diocésains chargés de la formation des prêtres.

après, je le suis toujours. Le temps est magnifique et le père supérieur[2] me réserve un accueil très chaleureux, resté gravé dans ma mémoire. Mon voisin de chambre, qui se destine aussi à devenir prêtre, vient frapper à ma porte dans l'après-midi et me propose d'aller à la basilique Saint-Pierre pour assister aux vêpres. C'est cette journée ensoleillée du mois de septembre qui constitue mon premier souvenir romain.

Comparé aux autres séminaires, celui de Rome[3] est particulier, car on n'y suit pas de cours. Le séminaire est un lieu de vie communautaire, de prière, de logement, de nourriture et de discernement mais les cours sont dispensés dans les universités romaines. Avec les prêtres formateurs et les jeunes prêtres qui sont encore au séminaire, nous formons une importante communauté d'une centaine de personnes. Pour ma part, je suis inscrit à l'université grégorienne, fondée par saint Ignace de Loyola et dont la responsabilité est confiée aux Jésuites.

À Rome, pendant les deux premières années du séminaire, nous sommes habillés en civil. Ce n'est qu'ensuite que nous sommes autorisés à porter l'habit de clergyman. Les supérieurs ne goûtent guère le port de la soutane qui, estiment-ils, risquerait de donner une image trop

---

2. Le père Maurice Fréchard, qui fut douze ans supérieur du séminaire français de Rome, devint en 1996 archevêque d'Auch, siège qu'il occupera jusqu'en 2004.

3. Le séminaire français de Rome, créé par le pape Pie IX avec les évêques français en 1853, avait parmi ses objectifs la lutte contre le gallicanisme (velléité d'indépendance de l'Église de France vis-à-vis du Saint-Siège). Pour cela, un certain nombre de candidats français au sacerdoce allait se former directement à Rome.

traditionaliste du séminaire. Ils font juste preuve d'une relative tolérance quand nous allons à Saint-Pierre, ou lorsque nous servons la messe dans l'une ou l'autre basilique. En France, à cette époque, la soutane est quasiment interdite aux séminaristes, voire aux prêtres, dans certains diocèses, sous prétexte que ce vêtement serait trop identitaire. Cette question de la soutane n'est pas anodine. Au cours de mes premiers mois à Rome, je suis très impressionné par la béatification, par Jean-Paul II, d'une communauté de séminaristes espagnols tués pendant la guerre civile[4]. Les « rouges » avaient tué tous leurs professeurs sous leurs yeux puis les avaient enjoints de retirer leurs soutanes moyennant quoi ils auraient la vie sauve. Aucun d'entre eux n'a cédé. Ils ont tous été fusillés. Jean-Paul II a terminé son homélie en s'adressant à nous, les séminaristes, regroupés dans un carré particulier : « Je vous les donne en exemple », nous a-t-il dit.

Au travers de l'habit ecclésiastique, une autre réalité transparaît. Cette réalité est d'abord un rappel de la transcendance que porte le prêtre, humble serviteur, conservant un trésor dans un vase d'argile. Comme le juste, je pèche sept fois par jour[5] – si ce n'est plus ! – et cette soutane, quand je l'enfile, m'invite à me demander si je ne peux pas faire mieux pour correspondre à ce

---

4. 25 octobre 1992 : Jean-Paul II béatifie à Rome soixante et onze religieux de l'ordre hospitalier de Saint-Jean-de-Dieu, martyrisés entre le 25 juillet et le 14 décembre 1936 à Tolède, Tarragone, Barcelone et Madrid et cinquante et un religieux clarétains de Barbastro martyrisés entre le 2 et le 18 août 1936.

5. Pr 24, 16.

qu'elle représente. La soutane se veut aussi une forme de témoignage visible de la transcendance auprès de ceux qui croisent le prêtre, croyants ou non.

L'engagement auquel se prépare le séminariste exige de fortes dispositions intérieures en raison des sacrifices que suppose l'état sacerdotal. Au cours de votre formation au séminaire, traversez-vous des périodes de doute ?

Les doutes auxquels je suis confronté ne viennent pas du plus profond de moi, mais de l'expérience ecclésiale et des difficultés inhérentes à la vie communautaire. Les rapports entre séminaristes peuvent être très durs. Une ligne de fracture s'était établie au séminaire français de Rome. Certains séminaristes – que nous baptisions « séminaristes parisiens » – voulaient s'installer dans un système mis en place par le diocèse de Paris, porteur d'une vision de l'Église « dans le monde », installée et sans aspérité. Les autres séminaristes étaient là animés par la seule envie d'annoncer l'Évangile. Non pas que les premiers ne voulussent pas l'annoncer, mais ils se plaçaient d'emblée dans un système très institutionnalisé. À l'âge que j'ai alors, je ne rêve pas d'une mitre ! Je souhaite vivre la vie d'un jeune homme comme les autres, me détendre, partager des moments de rigolade… ; ce qui n'ôte rien à ma volonté de suivre le Christ. En aucune manière, je n'ambitionne de devenir une espèce de « fonctionnaire ecclésiastique ». J'accepte d'être formé et poli – dans tous les sens du mot – mais je refuse que l'on me coule dans un moule, de devenir un « séminariste attaché-case », dont rien ne dépasserait.

50

Un prêtre n'en est pas moins pécheur. Parfois le Seigneur appelle même les pires en estimant que s'Il ne les appelait pas, la catastrophe serait plus grande encore ! Vouloir former les séminaristes en niant ce qu'ils sont au fond d'eux-mêmes et leur part d'humanité, amène à les mettre en danger psychologique et pire encore, spirituel. Au séminaire, cette question fondamentale débouche sur des luttes internes qui peuvent être d'une grande violence. Cette expérience, qui nous « tanne le cuir », nous apprend aussi que le contact avec les confrères ne sera pas toujours facile dans la vie sacerdotale.

Pendant ces années se nouent aussi des amitiés sacerdotales qui nous sont très précieuses, et parfois d'un grand secours pour surmonter les doutes. Un ami prêtre, c'est celui qui sait vous parler avec franchise et pointer vos faiblesses ou vos difficultés. Celui qui peut vous exprimer son désaccord ou vous suggérer de modifier votre comportement ou vos paroles. Mes amis les plus proches sont aussi des gens qui ne se prennent surtout pas au sérieux. Nous conservons un esprit potache et nous faisons pas mal de bêtises au séminaire. Nous remplaçons ainsi l'eau bénite par de l'after-shave à l'entrée de la chapelle le 1er avril... Je joue à l'orgue *Les variations sur la Marseillaise* de Balbastre[6], à la sortie d'une messe au cours de laquelle nous accueillons les confrères du collège anglais... Ces petits amusements sans conséquences nous sont nécessaires pour décompresser. Dieu est amour, mais Dieu est humour. Vivre avec humour est indispensable, y compris au séminaire comme nous le montre notre

---

6. Claude Balbastre (1724-1799), compositeur français.

51

supérieur qui n'en manque pas. Lors d'une conférence spirituelle, depuis son bureau situé sur une estrade, il brandit un « balai à chiottes » devant les quatre-vingts séminaristes et nous demande si nous reconnaissons cet objet. Des rires gênés fusent dans l'assemblée. Et lui de nous dire : « Si vous ne savez pas vous en servir quand vous passez au toilettes, ce n'est pas la peine de vouloir, demain, nettoyer les âmes. » Cela fait rire tout le monde et c'est une manière intelligente, un peu brutale mais non dénuée d'humour, de dire des choses très justes et de faire passer un message.

Rome, siège de l'Église catholique, n'est pas un lieu anodin pour se former à la prêtrise. Comme jeune séminariste, ressentez-vous alors une atmosphère particulière ?

Vivre à Rome représente la grâce des grâces. Plonger au cœur de cette ville revient à s'immerger au cœur de notre civilisation. À chaque coin de rue, je suis transporté dans la *polis*[7] qui a forgé notre continent. J'y foule les pierres du premier siècle, sur lesquelles Paul, Pierre et les premiers martyrs ont eux-mêmes marché, ce qui me procure des sentiments intenses. Au séminaire, notre salle à manger est construite avec les mêmes murs que le *frigidarium*[8] des thermes d'Agrippa : la pièce épouse exactement la même surface depuis vingt siècles et les murs sont les mêmes sur une hauteur de 1,5 mètre ! La première

7. « Cité » en grec.
8. Dans les bains romains, c'est la pièce où se trouve la piscine d'eau froide.

grande grâce de Rome est donc une grâce « civilisation-nelle ». Dans le cadre de nos études, nous pouvons nous porter volontaires pour faire visiter Rome à des groupes de pèlerins. Avec délectation, je me spécialise alors dans la Rome antique si bien qu'à la fin de mon séjour, je connais mieux le plan de la Rome antique que celui de la Rome actuelle.

La seconde grande grâce est catholique : je suis là où bat le cœur de l'Église. « Rome vue, foi perdue », dit un adage. Tout n'est certes pas beau à Rome, comme nous l'ont rappelé récemment l'affaire du « *Vatileaks*[9] » ou les controverses sur les « lobbies homosexuels[10] ». Séminariste, j'entraperçois ce que sont ces « réseaux », je croise des cérémoniaires aux gestes ambigus qui me mettent très mal à l'aise. Pourtant, en dépit de ces aspects déplaisants, je connais à Rome des moments magnifiques du point de vue religieux. Dès le deuxième dimanche qui suit mon arrivée, je suis appelé à servir la messe du pape Jean-Paul II à la basilique Saint-Pierre. Dans le cœur d'un jeune homme de vingt-cinq ans qui a décidé de consacrer

---

9. L'affaire des fuites au Vatican, dite « *Vatileaks* » éclate en mai 2012, lorsque des résultats d'enquêtes internes, faisant état de réseaux de corruption au cœur du Saint-Siège, sont publiés dans un livre de Gianluigi Nuzzi. Ces comptes-rendus avaient été subtilisés par le propre majordome du pape Benoît XVI, Paolo Gabriele.

10. Le quotidien *La Repubblica* a évoqué au début de l'année 2013 une hypothèse selon laquelle un « lobby gay » aurait poussé Benoît XVI à la démission. Cette thèse n'a pas été confirmée. Dans l'avion qui le ramenait des JMJ de Rio, le pape François a déclaré aux journalistes : « *On écrit beaucoup sur le* lobby gay, *je ne l'ai pas trouvé.* »

sa vie au Seigneur, peut-on imaginer ce que cela représente ? Se retrouver vêtu d'une soutane au cœur de la Chrétienté, devant l'autel construit au-dessus du lieu où reposent les reliques du premier Pasteur de l'Église, saint Pierre, et servir la messe de son successeur ? Pendant la célébration de l'Eucharistie, source et sommet de tout ce que peut être notre vie sur cette terre, comme l'affirme le concile Vatican II, je dévisage Jean-Paul II. Dans mon cœur, je prends tous les gens confiés à ma prière tout au long de ma vie. Ma tâche est limitée : je suis chargé d'apporter les objets nécessaires au *lavabo*[11]. En mon for intérieur, tandis que je suis mû par la prière et l'action de grâce, j'espère que le pape me regardera pour que je puisse lui exprimer par mon propre regard l'amour que j'éprouve pour lui et ce qu'il représente. Mon vœu est exaucé. Soudain, Jean-Paul II s'avance dans ma direction et pose son regard sur moi. Je me sens transpercé de la tête aux pieds, transparent. Des yeux, j'essaie de lui faire passer ce message : « Très Saint-Père je vous aime et tout ce que j'ai est à vous parce que c'est à Dieu et que vous êtes à Dieu. » Puis je baisse le regard afin que celui-ci ne se fasse ni insistant, ni déplacé. Le temps d'aller du centre de l'autel jusqu'à son bord pour le *lavabo,* le regard de Jean-Paul II ne me quitte pas un instant. Quand je relève les yeux, son regard est toujours là. Cet épisode consolide en moi l'amour indéfectible que je porte à l'Église. Dieu sait que j'ai eu à souffrir depuis de la part de certains hommes d'Église, Dieu sait si je peux être critique vis-

---

11. Moment liturgique consacré à la purification avant la consécration de l'hostie et du vin.

à-vis de l'institution cléricale humaine. Mais ce que j'ai reçu à Rome, c'est un amour définitif de la papauté et de l'Église romaine.

Chaque baptisé est né de Rome, mère et maîtresse de toutes les Églises, comme l'indiquent les innombrables lieux de dévotion de la ville. Je ne peux m'empêcher de songer à toutes les figures de l'Église qui y sont venues à commencer par Pierre, Paul, leurs successeurs et les martyrs romains. La trace des plus grands saints de la Chrétienté est aussi très présente, qu'il s'agisse de saint Dominique et de saint François[12] venus présenter leurs règles au pape, de saint Ignace de Loyola[13], fondateur des Jésuites et cher au pape François, de saint François-Xavier[14], de saint Philippe Néri[15] ou encore de saint Maximilien Kolbe[16], mort à Auschwitz. Vivre à Rome incite à mettre ses pas dans les leurs et à vivre en intimité avec eux. J'y retrouve cette notion de continuité à laquelle je suis tant attaché. Notre civilisation est grecque, judéoromaine et chrétienne a rappelé le pape Benoît XVI à

---

12. François d'Assise (1181 ou 1182-1226), fondateur italien de l'ordre mineur, couramment appelé ordre franciscain.

13. Ignace de Loyola (1491-1556).

14. Francisco de Jasso y Azpilicueta, dit François-Xavier (1506-1552), missionnaire jésuite espagnol, évangélisateur de l'Inde et de l'Extrême-Orient.

15. Philippe Néri (1515-1595), fondateur italien de l'ordre de l'Oratoire.

16. Maximilien Kolbe (1881-1941), prêtre franciscain polonais, fondateur de l'ordre de l'Immaculée. Au camp d'Auschwitz, il prend la place d'un condamné à mort et est exécuté d'une injection de phénol.

plusieurs reprises[17]. Être européen et le nier revient à se tirer une balle dans le pied.

La majorité des prêtres est appelée à rejoindre des paroisses pour en devenir les vicaires puis les curés. Devenir aumônier militaire, rejoindre un diocèse non territorial comme le diocèse aux armées, représente un choix singulier. Dans quelles circonstances le faites-vous ?

Mgr Defois ayant accompagné mes premiers pas de séminariste, je suis rattaché au diocèse de Sens-Auxerre dont il est l'évêque. Mais en septembre 1995, il prend la tête de celui de Reims et m'annonce qu'il ne peut m'y « importer ». En son absence, le diocèse de Sens-Auxerre n'a plus guère de sens pour moi : je n'y ai pas de famille et la ruralité ne m'enthousiasme pas. L'hypothèse du diocèse aux armées ressurgit alors dans mon esprit. Je connaissais des aumôniers militaires. J'avais eu la chance d'accueillir chaque année le pèlerinage des saint-cyriens à Rome. Enfin, j'entretenais des liens d'amitié et de confiance avec le père Jean-Pierre Brard, responsable des vocations du diocèse aux armées. Ces différents contacts avaient renforcé mon intérêt pour l'aumônerie militaire.

Connaissant l'état d'esprit du clergé diocésain de l'époque, je sais en outre que mon profil un peu « tradi » n'est pas exactement adapté. Je ne m'invente pas un passé

---

17. En particulier lors de son discours au Collège des Bernardins à Paris le vendredi 12 septembre 2008.

au MEJ[18] ou à l'Action catholique[19]. Je joue franc jeu avec Mgr Defois pour qu'il puisse prendre ses décisions en toute connaissance de cause. De passage à Rome, l'évêque aux armées Mgr Dubost[20] vient un jour me rencontrer au séminaire. Je lui explique les raisons de ma candidature au diocèse aux armées. Comme fils, petit-fils et arrière-petit-fils de militaires, il me semble que l'armée est mon terreau naturel, ce que j'ai toujours respiré. Ces arguments touchent Mgr Dubost qui accède à ma requête à titre dérogatoire, à condition que je trouve un diocèse d'incardination[21] « par défaut ». L'évêque de Metz, Mgr Pierre Raffin, m'accepte dans son diocèse dans ce cadre particulier – ce dont je lui serai toujours redevable – sachant qu'*in fine* je serais amené à ne servir qu'au diocèse aux armées.

Le 29 juin 1997, vous êtes ordonné prêtre dans la cathédrale de Metz. Que représente l'ordination dans un itinéraire sacerdotal ?

L'ordination est un aboutissement et un commencement. Tout un projet de vie, porté depuis de nombreuses

---

18. Mouvement eucharistique des jeunes, d'inspiration « progressiste ».

19. L'Action catholique regroupe de nombreux mouvements chrétiens, également d'inspiration progressiste. Le plus célèbre est sans doute les Jeunesses ouvrières chrétiennes (JOC).

20. Né en 1942. Évêque aux armées de 1989 à 2000. Évêque d'Évry-Corbeil-Essonnes depuis 2000.

21. Diocèse auquel sera rattaché le prêtre durant toute la durée de son sacerdoce, c'est-à-dire à vie.

années, se profile derrière. L'ordination n'est pas acquise d'avance. Une fois la demande officielle déposée entre les mains des pères du séminaire, ceux-ci inscrivent leurs avis et la transmettent à l'évêque qui opère le discernement. À ce stade, rien n'est encore joué. Tant que je n'ai pas reçu la lettre de l'évêque indiquant, selon la formule officielle : « Nous te choisissons pour entrer dans l'ordre des prêtres », le doute subsiste.

Au jour de mon ordination, je ressens un sentiment intense de plénitude et une forte émotion. Ce que je porte depuis des années se réalise enfin. Nous sommes dix à être ordonnés ce jour-là. La cérémonie passe par le moment impressionnant de la grande prostration[22] qui symbolise ce que nous vivons en profondeur : la remise totale de nos vies entre les mains du Christ et de l'Église. Je réalise l'indignité dans laquelle je me trouve. Nous savons qu'une distance énorme sépare ce que nous recevons – l'ordination sacerdotale – et ce que nous sommes. Dans le quotidien d'un prêtre, cet écart sera souvent une croix lourde à porter. Plus on est jeune, plus on peut espérer régler ses défauts en peu de temps. Vingt ans après, on constate que tel n'est pas le cas. Les défauts sont toujours présents et font toujours autant souffrir. Il nous faut vivre hantés par le sentiment de défigurer le sacerdoce.

Par-delà les émotions et les pensées qui m'habitent, je vis la célébration de l'ordination dans une grande paix,

---

22. Pour exprimer une entière disposition à l'appel de Dieu, les futurs prêtres s'étendent de tout leur long sur le sol de la cathédrale pendant la litanie des saints.

habité par le sentiment profond d'être là où je dois être, au moment où je dois y être. Ni plus ni moins. Non pas dans la perfection – Dieu sait très bien que je ne suis pas parfait – mais Il a voulu que je sois là. Je ne suis pas envahi par l'euphorie, les larmes ou l'exaltation, mais par une immense paix. Rien d'extérieur ne peut plus me toucher, je connais presque un avant-goût du paradis ! Je peux imaginer que celui qui tient pour la première fois son enfant entre ses mains – expérience que je ne connaîtrai jamais – doit ressentir des émotions comparables en se disant qu'il a peut-être fait la plus belle chose de sa vie.

Comme les mariés au jour de leurs noces, nos parents nous entourent et nous prenons une conscience aiguë de tout ce que nous leur devons. Grands-parents, amis, frères et sœurs, oncles, tantes, cousins sont aussi présents, sans compter les amis séminaristes et prêtres dont certains sont ordonnés depuis une semaine seulement. J'éprouve une immense gratitude pour tous ceux qui m'ont accompagné ce jour-là. Je n'ai pas toujours su l'exprimer, mais que ceux d'entre eux qui liront ces lignes le sachent.

Je célèbre ma première messe le lendemain à Paris dans la chapelle de l'École militaire. Cette cérémonie m'impressionne bien plus que l'ordination. La messe est célébrée à la mémoire de tous ceux qui sont morts pour la patrie et je pense en particulier à mon arrière-grand-père, capitaine, saint-cyrien, tué en 1915. Si je suis impressionné par cette première messe, je ne suis pas submergé par l'émotion. J'éprouve encore le sentiment d'être là où je dois être, et d'y être préparé.

Les catholiques croient qu'au cours de la messe, « source et sommet de la vie chrétienne[23] », le Christ se fait réellement présent. L'eucharistie est-elle le centre absolu de votre vie sacerdotale ?

Au sujet du mystère eucharistique, je me fonde sur la pensée de saint Thomas d'Aquin. Ce que je vois au cours de la messe, c'est un morceau de pain. Ce que je touche, c'est un morceau de pain. Ce que je sens, c'est du vin. Ce que je goûte, c'est du vin[24]. Seule la foi, avec la grâce de Dieu, me permet de savoir que ce pain n'est plus du pain mais bien le Corps du Christ et que ce vin n'est plus du vin, qu'il n'en a plus que l'apparence, et qu'il est bien le Sang du Christ. L'émotion théologique que j'éprouve face à l'eucharistie n'est pas sentimentale mais elle est une profonde adhésion. Que le Seigneur accepte que moi, pauvre pécheur, je puisse opérer cela me suggère une grande émotion, dénuée de tout sentimentalisme et tout affect. Je ne fonds pas en larmes à chaque fois que je célèbre la messe et pourtant il y aurait de nombreuses raisons. La messe est un acte de foi, d'adhésion libre, aimante et volontaire à ce qui me dépasse. Parce que je fais confiance au Christ et à l'Église, parce qu'au fond de moi Dieu m'a donné cette capacité à croire, je sais que réellement, une fois que j'ai dit « Ceci est mon corps », le morceau de pain est devenu le Corps du Christ. Quand la forme ancienne du rite romain

---

23. Constitution dogmatique *Lumen Gentium* du concile Vatican II.

24. L'Église affirme qu'au cours de la messe, lors de la consécration eucharistique, le pain et le vin deviennent *réellement* le corps et le sang du Christ.

demande au prêtre d'accomplir une génuflexion à la suite de la consécration, elle indique cette adhésion et la présence réelle de Quelqu'un plus grand que moi.

La présence du Christ au cours de la messe me semble relever de l'évidence. Quand je suis seul, il peut m'arriver après la consécration de me pencher sur l'autel et de parler à Jésus parce qu'Il est là et que j'en suis convaincu. Suivant un conseil que m'ont donné différents accompagnateurs spirituels, je peux rester dix minutes à méditer l'Évangile ou à dire au Christ que sa Parole m'a touché. Si j'ai envie de m'appuyer sur l'autel pour confier un certain nombre de pensées et d'intentions au Christ, si j'ai envie de m'asseoir et d'attendre un moment en me disant « Seigneur, Tu es là, je T'apporte toutes les intentions que l'on m'a confiées », je peux le faire. Mais je ne vais pas imposer ces émotions personnelles en présence de fidèles. La liturgie de la messe est la liturgie de l'Église et non la mienne. Saint Philippe Néri, qui connaissait des lévitations pendant la messe, avait demandé à avoir son chat à portée de main pour être distrait et éviter d'être emporté dans les airs. Sainte Thérèse d'Avila[25] « engueule » le Bon Dieu plus d'une fois, car elle estime avoir autre chose à faire que de tomber en extase pendant qu'elle prépare des crêpes ! Padre Pio[26] ne supportait pas que les mani-

---

25. Thérèse d'Avila (1515-1582) est une religieuse carmélite espagnole. Elle est la première femme à avoir été reconnue docteur de l'Église.

26. Francesco Forgione (1887-1968) est un prêtre capucin italien. Il est l'objet d'une grande dévotion internationale. Au-delà de son rayonnement spirituel, le Padre Pio est connu pour avoir présenté les stigmates de la passion du Christ de manière inexpliquée.

festations dont il était l'objet fussent visibles pendant la messe. Cette approche correspond à ma spiritualité. La messe n'est pas le lieu d'une dévotion privée du prêtre. C'est la prière officielle de l'Église, c'est le sommet de la louange humaine pour adorer Dieu et vivre en Lui, avec Lui et par Lui.

Quelles sont les figures sacerdotales qui vous inspirent au quotidien dans votre ministère et dans l'intimité de votre vie spirituelle ?

Mes modèles de prêtres ne sont pas toujours des saints. Les figures qui m'inspirent sont des modèles vivants à commencer par les deux papes vivants, Benoît XVI et François. Parmi les prêtres que j'ai eu la chance de croiser, je veux rendre témoignage à l'abbé Jean-Paul Hyvernat[27], figure du don total au sacerdoce. J'avais beaucoup entendu parler de lui alors qu'il était vicaire à la cathédrale de Versailles. Vers 1986 ou 1987, je l'avais rencontré de ma propre initiative pour lui demander de m'accompagner spirituellement. Je ne suis pas resté six mois avec lui parce que j'ai trop vite pressenti où cela m'amènerait, c'est-à-dire au sacerdoce. Je l'ai donc abandonné, mais lui ne m'a pas abandonné dans la prière. Il avait pressenti ce qui devait m'advenir. Dans l'ordre spirituel, l'abbé Hyvernat est un de ceux qui ont le plus compté pour me donner le courage de mettre en œuvre ma vocation, et nous sommes plusieurs prêtres aujourd'hui

27. L'abbé Hyvernat est mort en montagne en 1991 à l'âge de 34 ans en accompagnant des routiers (branche aînée des Scouts).

à penser que nous la lui devons. Je pourrais citer encore bien d'autres prêtres qui comptèrent dans ma vie. Qu'il s'agisse du truculent chanoine Joseph Porta, chapelain de Notre-Dame des Armées à Versailles d'où sortirent de nombreuses vocations, du père Martin Lecerf, ancien aumônier de Pontcallec, du père Daniel Rousseau, que j'ai suivi comme séminariste stagiaire à la cathédrale de Sens, et de tant d'autres…

Toutes ces figures de prêtres, vivants ou morts récemment, me nourrissent. Ils ne sont pas parfaits, mais je me sustente aussi de leur imperfection. Pour un certain nombre d'entre eux, que je connais plus, je n'ignore pas une partie de leurs faiblesses et je m'inscris dans la même lignée. Je suis perclus de défauts, qui me désespèrent bien souvent, mais dont le Seigneur se sert aussi, malgré tout. Je suis convaincu que des gens se retrouveraient plus facilement auprès des prêtres s'ils étaient plus accessibles dans leur humanité. Le prêtre doit pouvoir être touché. Le christianisme demeure la religion de l'incarnation. À Rome, un de nos confrères africains, avait prêché un jour avec son accent caractéristique : « Alors le prêtre, là, vraiment, doit être l'homme mangé ! » Et il conclut : « Je souhaite à vos futurs paroissiens un bon appétit ! » Nous nous imaginions déjà dans des casseroles, entourés d'un tas de sauvages, et sommes tous partis dans un grand éclat de rire. Mais il avait raison. Les prêtres ne se laissent plus toucher. Avec l'un de mes amis prêtres, nous avons conseillé un jour à un confrère, jeune ordonné, d'aller prendre un verre dans le premier bistro venu lorsqu'il arriverait dans sa nouvelle paroisse ! S'il ne s'agit pas d'y passer sa vie, les gens verront à cette occasion que le curé n'a pas peur d'aller au devant d'eux. Le père Zanotti-Sorkine[28], qui a fait revivre sa paroisse marseillaise, partage cette intuition qu'il a mise en pratique avec des résultats spectaculaires. Il n'a pas peur de se laisser toucher à la manière de Jésus qui, le premier, n'a pas eu peur de se laisser toucher par nos mains impures.

Se donner et être proche des gens est une prise de risque. Il faut oser le courir car le risque est inhérent à la vie sacerdotale, tout en cultivant la vertu de prudence. On ne peut risquer le salut de son âme au prétexte de sauver celle des autres. Les dangers qui menacent les prêtres sont identiques à ceux qui touchent tous les hommes : le sexe, le pouvoir et l'argent. Ces dangers prennent des formes particulières chez le prêtre. La question sexuelle est souvent cachée, voire ignorée. Celle du pouvoir peut prendre des dimensions épouvantables. Quant à l'attrait des richesses, il peut amener le prêtre à refuser de se donner entièrement. En se donnant aux autres, le prêtre s'expose davantage à ces tentations qui peuvent le menacer. À nous de prendre conscience de ces dangers et de faire preuve de discernement avec l'aide de l'Esprit saint, de la hiérarchie et des confrères. Le prêtre ne peut pas mettre l'essentiel en jeu au prétexte du souci de la proximité. S'il identifie une faiblesse en lui, une tendance à être trop « gentil » avec les femmes, il s'abstiendra de demander à partir en apostolat auprès

---

28. Michel Zanotti-Sorkine, né en 1959, prêtre de la Canebière à Marseille. Il est, entre autres, l'auteur de *Au diable la tiédeur*, Robert Laffont, 2012.

des prostituées, ce ne serait peut-être pas une bonne idée ! S'il cerne au fond de lui des tendances homophiles, il évitera de devenir aumônier d'un lycée de jeunes gens. Un prêtre est avant tout un homme, pas un magicien doté de pouvoirs mystérieux.

Chapitre 4

LE « PADRE »

L'aumônier militaire catholique fait figure d'exception dans le dispositif de la République laïque. Ce prêtre, rémunéré par l'État, assure une mission cultuelle que lui confie le ministère de la Défense. Parallèlement à cette autorité militaire, il relève également de l'autorité religieuse, en l'occurrence le diocèse aux armées. Une double allégeance strictement codifiée, mais pourtant complexe à gérer pour celui que les hommes appellent « Padre ».

***

En 1997, vous êtes donc devenu prêtre. L'année suivante, comme cela avait été prévu avec Mgr Dubost, vous voilà « padre », c'est-à-dire aumônier militaire dans le vocabulaire de l'armée. Quelle est l'origine de cette dénomination ?

Les premiers à avoir utilisé ce mot pour désigner les aumôniers furent les soldats de l'armée de l'air, dès la création de cette arme qui remonte à 1934. Cette tradition se retrouve aussi chez les légionnaires. Mais le vocable ne s'est répandu dans l'armée qu'avec la multiplication des opex[1]. Seule la marine ne l'a pas adopté : les aumôniers y sont appelés « bohuts ». Cette désignation, « Padre », est beaucoup moins formelle que le titre officiel « Monsieur l'Aumônier », et moins connoté que le classique « Mon Père » qui peut indisposer les personnels non croyants. Le mot « padre » permet ainsi à des militaires qui ne se reconnaissent pas dans la religion catholique, de pouvoir s'adresser avec simplicité à l'aumônier catholique. Étymologiquement, « padre » signifie « père » et évoque le rôle que nous avons à jouer : poser un regard paternel sur les militaires auprès desquels nous évoluons.

Les missions du prêtre et du parachutiste sont d'une grande exigence. Pour l'aumônier qui endosse ces deux dimensions, n'existe-t-il pas un risque de « cannibalisation » ?

Deux dangers peuvent en effet guetter l'aumônier parachutiste. Le premier serait de se considérer comme exclusivement prêtre et d'estimer superflue son appartenance à l'univers parachutiste. Un tel état d'esprit pourrait alors amener l'aumônier à ne pas suffisamment partager la vie des parachutistes. Un aumônier qui refuserait de participer à une opération au prétexte de la messe à dire ou du bréviaire à lire, se rangerait dans cette catégorie. Mais celui qui commencerait ainsi ne resterait pas longtemps chez les paras ! L'autre danger, plus fréquent au regard des personnalités d'aumôniers qui arrivent chez

---

1. Opérations extérieures.

les parachutistes, est de jouer au « mytho », de rejoindre avec excès la condition militaire en délaissant trop la dimension sacerdotale. Cet écueil est plus fréquent. Les aumôniers paras y sont tous plus ou moins confrontés à un moment ou l'autre. On ne sert pas indûment dans ces unités prestigieuses sans être happé à la marge par l'état d'esprit général. Chez les paras, on se considère comme les meilleurs et l'aumônier lui-même, dans sa propre vie spirituelle et morale, peut parfois participer de cet état d'esprit. Il est bon alors qu'il sache conserver un nécessaire recul.

J'aime le concept de crédibilité. L'aumônier parachutiste doit être crédible. Il doit savoir prendre son sac et partir dans les deux heures en laissant sa maison, la caserne, ses parents, ses amis, sa famille. Il doit pouvoir marcher six heures d'affilée sans rechigner, de nuit, en portant son sac à dos. Il doit être capable de ne pas prendre de douche pendant quinze jours s'il le faut et de se laver *a minima*. Il doit se donner les moyens d'accompagner les troupes sans être un poids mort. C'est le minimum, même si nous ne sommes pas personnel combattant. Cela forge la crédibilité de l'aumônier. S'il doit être crédible avec les hommes, l'aumônier n'a pas pour autant à tenir la 12.7[2] à la fin du convoi. Ce n'est pas son rôle, quand bien même cela ferait plaisir à un certain nombre de soldats. L'aumônier n'a pas à être un champion du saut en parachute, ce n'est pas ce qu'on lui demande. L'aumônier représente Jésus-Christ et ne doit pas oublier que sa dimension première, c'est son statut de prêtre.

---

2. Mitrailleuse lourde de 12,7 mm.

L'aumônier ne peut pas être comme tout le monde. S'il n'est qu'un para parmi les paras, alors il ne remplit plus son rôle d'aumônier. Si on ne peut plus voir à travers lui la spécificité du prêtre, c'est qu'il n'est plus dans son rôle. Il est peut-être devenu un para, mais il n'est plus un padre. Cette dimension est parfois crucifiante mais comme souvent dans la foi chrétienne, tout est question d'équilibre. La vie est une marche. Un perpétuel mouvement à la recherche d'équilibre.

L'existence des aumôneries au sein des armées relève des lois de la République. Quels sont le statut administratif et la mission officielle d'un aumônier aux armées ?

Le cadre général est fixé par la loi de 1905, qui établit la séparation des Églises et de l'État, et prévoit l'organisation de différentes aumôneries dans les hôpitaux, les prisons et les armées. Des décrets d'application – dont les plus récents remontent à 2005 – précisent le statut et le rôle des aumôniers militaires. La première des missions de l'aumônier est cultuelle : il est chargé d'assurer le culte au sein du ministère de la Défense pour les personnels qui le souhaitent. La seconde est une mission de conseil au commandement et d'accompagnement humain des troupes. La partie cultuelle relève du diocèse. Contrairement à la mission d'accompagnement humain et d'aide au commandement, elle ne fait pas l'objet d'une notation par le commandement. L'affectation d'un aumônier à une base de défense[3] relève du

---

3. Depuis leur déploiement en 2009, les bases militaires sont devenues les structures territoriales essentielles de la Défense nationale.

directeur de culte – l'évêque aux armées pour les aumôniers catholiques – puis elle est signée par le général commandant le SCA[4]. L'ordre de mutation est accompagné d'une lettre de service signée par l'aumônier d'armée – air, terre, mer, gendarmerie – qui décrit la « charge pastorale » ainsi que les unités que l'aumônier devra desservir.

Embauchés sur dossier par le ministère de la Défense, les aumôniers doivent remplir un dossier et satisfaire à une série de critères dont la nationalité française et la détention d'un baccalauréat. Le dossier est présenté à l'aumônerie dont relève l'aumônier : un rabbin le présentera à l'aumônerie israélite, un prêtre catholique à l'aumônerie catholique. Le directeur de culte se déclare alors prêt ou non à prendre tel aumônier et demande à l'institution militaire si le ministère peut l'embaucher comme aumônier. Un mécanisme complexe se déclenche ensuite impliquant une enquête militaire de sécurité et des démarches purement administratives. Les aumôniers travaillent sous contrat et ne sont pas d'active. Comme les prêtres qui œuvrent dans les aumôneries des prisons perçoivent un salaire de l'administration pénitentiaire, nous touchons une solde. Nous sommes des « soldats » au sens étymologique et nos soldes se calquent sur des échelons indiciaires qui correspondent, globalement, aux échelons de sous-lieutenant à capitaine.

L'aumônier n'a pas de grade, ou plus exactement, il détient le grade unique d'aumônier, placé en dehors de la hiérarchie, comme cela fut reprécisé par le statut de 2005. L'aumônier étant placé hors hiérarchie, il jouit d'un

---

4. Service du commissariat des armées.

71

rapport transverse avec toutes les catégories de militaires. Dans un univers hiérarchisé à l'extrême comme le monde militaire, une part essentielle de son rôle et de son action dépend de cette position « hors pyramide ». Il lui faut donc veiller en permanence à se souvenir qu'il n'est ni un officier, ni un sous-officier, ni un militaire du rang, mais un aumônier. À lui d'être attentif à se servir de cette spécificité comme d'une force dans l'exercice son ministère afin d'être disponible pour tous. Ce principe global ne connaît qu'une exception : protocolairement, l'aumônier est assimilé aux officiers supérieurs, en particulier pour le placement lors des cérémonies, mais il reste aumônier et rien qu'aumônier.

Dans les armées, l'usage veut que l'aumônier adopte le grade de la personne à laquelle il s'adresse, ce qui s'avère très précieux à tous les niveaux de la hiérarchie. L'aumônier n'est ni le supérieur, ni le subordonné du militaire auquel il s'adresse ce qui lui permet d'être encore plus disponible et d'avoir un cœur ouvert à tous. Grâce à ce statut, les gens se confient à lui comme à un égal comme l'indique, chez les paras en particulier, l'usage très facile du tutoiement. Cette proximité sera ensuite renforcée par les expériences opérationnelles : les vivre ensemble renforce le lien. Militaire parmi les militaires, il travaille en treillis et en rangers. Sur sa tenue, il arbore un insigne composé de deux rameaux d'olivier, symbole de la paix, au centre desquels se dresse la croix, pour les aumôniers catholiques et protestants, les tables de la Loi pour les aumôniers israélites et le croissant de l'islam pour les aumôniers musulmans.

Notre position hors hiérarchie nous la devons à Clemenceau qui était pourtant un anticlérical notoire. En 1901, la République chasse de France les religieux qui refusent d'entrer dans le cadre de la loi sur les associations et persécute l'Église catholique[5]. Quand éclate la guerre de 1914-1918, une large partie des religieux qui avaient été bannis par le pouvoir républicain rentre en France et se porte volontaire pour servir dans les armées, sans réclamer aucun privilège. Certains de ces religieux sont restés célèbres comme le père Doncœur[6] ou le père Brothier[7] qui servirent comme aumôniers. Derrière ces figures emblématiques, il ne faudrait pas oublier tous les religieux et séminaristes anonymes qui ne servent pas comme aumôniers, mais comme simple militaires, tous grades confondus.

---

5. En particulier à partir de 1902, lorsqu'Émile Combes devient président du Conseil. Ces tensions conduisent à la rupture des relations diplomatiques entre la France et le Saint-Siège en 1904 avant d'aboutir à la loi de séparation des Églises et de l'État en 1905 qui entraîne *de facto* la rupture du concordat de 1801 et l'inventaire des biens de l'Église.

6. Paul Doncœur (1880-1961). Jésuite, expulsé de France en 1901, il revient servir dans les armées lorsqu'éclate la guerre de 14-18. Aumônier militaire, il combat sur la Marne, dans l'Aisne, en Champagne et à Verdun. Grièvement blessé dans la Somme, il est miraculeusement guéri à Lourdes. Il est un des pionniers du scoutisme en France.

7. Daniel Brothier (1876-1936). Père spiritain ordonné en 1899. Bien que malade, il se porte volontaire en 1914 et devient l'aumônier du 26ᵉ régiment d'infanterie de ligne. Il sert en première ligne pendant tout le conflit sans jamais être blessé. Après la guerre, il donne un essor considérable à l'œuvre des Orphelins Apprentis d'Auteuil. Il est béatifié par Jean-Paul II en 1984.

Clemenceau craint que ce retour ne revitalise l'influence catholique au sein des armées. La France est encore rurale à l'époque. Beaucoup de paysans mobilisés sont heureux de retrouver la figure du curé, qu'il s'agisse du séminariste devenu brancardier ou fantassin, ou des aumôniers en titre. Le gouvernement adopte donc des mesures de rétorsion. Clemenceau décide de retirer aux aumôniers le grade de capitaine qu'ils portaient par défaut. Cette décision fait naître un âpre débat chez les aumôniers. Certains, comme Daniel Brothier, sont visionnaires et comprennent vite que cette mesure est une chance, alors que d'autres voient, non sans raisons, un nouveau scandale dans cette décision. Daniel Brothier et bien d'autres avaient pressenti que désormais, sans ce grade, les aumôniers pourraient être tout à tous, d'autant qu'à l'époque, sans doute plus encore qu'aujourd'hui, de fortes séparations cloisonnaient les mondes des officiers, des sous-officiers et des soldats du rang, du fait d'une habitude héritée de l'Ancien Régime et en dépit de la Révolution française. En devenant ainsi tout à tous, les aumôniers militaires pouvaient en outre espérer retrouver une certaine forme de liberté. Aujourd'hui encore, forts de ce passé, nous ne portons donc plus de grade si ce n'est notre grade d'aumônier.

L'aumônier occupe donc une place codifiée au sein des armées qui l'emploient et le rémunèrent. En temps de paix, quel est le contour de votre mission pastorale dans un tel cadre ?

Le cœur de la mission pastorale de l'aumônier comprend l'administration des sacrements et toutes les fonctions curiales classiques. Le code de droit canonique assimile les chapelains militaires à des « quasi » curés. Si nous ne sommes pas affectés à un territoire, la charge qui nous incombe est similaire à la charge curiale, car nous avons charge d'âmes et il nous faudra répondre un jour devant Dieu du travail réalisé. L'activité la plus sacerdotale couvre en particulier les préparations aux sacrements comme le baptême ou les mariages, car la population avec laquelle nous vivons est une population jeune. Beaucoup de nos « paroissiens » sont en âge de se marier ou d'avoir des enfants.

Au-delà de l'administration des sacrements, une mission d'enseignement informel nous incombe, ce qui passe par un enseignement immédiat et le témoignage. La vocation de l'aumônier n'est pas d'exhiber une croix et d'inciter les gens à la conversion. Il doit vivre en revanche de telle sorte que ces gens aient envie de lui poser des questions. Au gré des occasions, nous répondons souvent à des interrogations qui relèvent de la foi. Soit parce que l'actualité s'y prête – ce fut le cas par exemple lors de la démission de Benoît XVI – soit parce que les hommes se posent des questions plus existentielles. Toutes ces questions, les militaires ont la chance de pouvoir les poser à quelqu'un qui vit avec eux, qui porte la même tenue qu'eux, qu'ils savent être prêtre. Combien de Français aujourd'hui peuvent se dire qu'il leur suffit d'aller au travail pour pouvoir poser des questions à un prêtre sur n'importe quel sujet d'actualité ? Parfois j'ai envie de demander aux militaires s'ils se rendent compte de la chance qu'ils ont ! Il nous arrive enfin de prodiguer un enseignement plus profond quand un homme fait part de son souhait de se préparer au baptême ou à la confirmation. Ce qui constitue une grande joie à chaque occasion.

Le sacrement de la confession[8] est essentiel. La rencontre avec le pénitent est beaucoup moins impressionnante qu'on ne l'imagine parfois. Psychiquement, le prêtre reçoit des grâces d'oubli et une capacité d'écouter qui lui échappent et ne viennent pas de lui. En revanche, je suis beaucoup plus frappé par le travail de la grâce dans les âmes et par ma propre petitesse au regard de ce que je célèbre dans ce sacrement. Avec mon expérience de confesseur, je me rends compte que c'est vraiment Dieu qui agit à travers moi. J'en retire un plus grand amour des âmes et si possible une plus grande ouverture du cœur. Comme aumônier militaire, je confesse peu en temps de paix. Un certain nombre de militaires catholiques pratiquants sont freinés par la proximité que j'entretiens avec eux au quotidien. Ils préfèrent souvent se confesser auprès d'un autre prêtre. Je confesse bien plus en opex. Au Mali, par exemple, il ne s'est pas passé une semaine sans que j'entende une ou deux confessions qui sont toujours les élans d'âmes retrouvant le chemin de Dieu ou manifestant un désir authentique d'approfondir ce chemin vers Lui. Ce sont de belles confessions, nourrissantes pour les pénitents et pour le prêtre.

Le ministère d'aumônier militaire est particulier et tous les prêtres ne pourraient s'y adapter. Depuis 1998

---

8. Possibilité qu'a le croyant baptisé d'accuser ses péchés à Dieu devant la personne du prêtre et d'en recevoir l'absolution, c'est-à-dire l'application de la miséricorde divine. L'abbé Venard est l'auteur d'un ouvrage sur la confession : *Confession, mode d'emploi*, Perpignan, Artège, 2012.

et le début de mon ministère, j'aurais plus souvent dit la messe seul qu'avec des fidèles. Un prêtre doit être disposé à vivre cette dimension et à s'y tenir. Dans ce contexte singulier, l'aumônier doit entretenir une vraie vie de prière, ce qui passe dans mon cas par la célébration eucharistique, assortie de la lecture du bréviaire. Cette dimension rejoint la spiritualité de Charles de Foucauld[9] et l'expérience du désert – géographique ou symbolique – avec tout ce qu'il a de décapant, comme ne voir que rarement le fruit concret de son action. À Toulouse, en 1998, je suis appelé *in extremis* au chevet d'un mourant. Les sœurs qui administrent la clinique où ce pauvre homme est en train de mourir m'appellent. L'homme acceptait de voir un curé sur son lit de mort, uniquement s'il était parachutiste, parce qu'il avait été frappé par la personnalité des aumôniers parachutistes qui avaient partagé les mêmes dangers que lui quand il servait en Indochine. Je repense souvent à cet épisode. Ces aumôniers d'Indochine n'ont pas vu le fruit de leur travail, et c'est moi qui l'ai récolté alors que je n'avais pas semé. L'aumônier sème et essaie de porter une présence du Christ et de l'Église. Il lui faut le faire gratuitement dans la pauvreté d'un ministère âpre.

---

9. Charles de Foucauld (1858-1916). Jeune officier noceur, puis explorateur, se convertit en 1886. Ordonné prêtre en 1901, il s'installe en 1905 à Tamanrasset au cœur du Hoggar algérien où il vivra au contact des populations touareg. Il est assassiné par des pillards senoussis. Béatifié en 2005, il était le promoteur d'un apostolat fondé sur la discrétion et l'exemplarité, et non sur l'encouragement à la conversion à tout prix.

Deuxième partie

« MILITAIRE NON PRATIQUANT »

Chapitre 5

DEVENIR PARA…

Homme de paix en milieu guerrier, l'aumônier militaire est une figure atypique des armées. Au cœur du combat, quand survient la souffrance ou la mort, il est souvent indispensable pour le soldat même incroyant. Mais pour accompagner le para au feu, le prêtre – à peine sorti du séminaire – doit se plier aux entraînements les plus sévères pour intégrer la famille militaire en général et parachutiste en particulier.

***

Rejoindre les armées est une chose, rejoindre les parachutistes en est une autre. Ces unités d'élite, qui combattent dans toutes les circonstances, présentent des exigences particulièrement sévères, tant techniques qu'humaines. Dans quelles circonstances les rejoignez-vous ?

Dans le milieu para, le jeune padre se présente souvent encore tout brillant de son séminaire et de son ordination. À la manière d'un galet, il est vite jeté dans la rivière du monde parachutiste. Comme tous les galets, il y est roulé au milieu des autres galets et se polit peu à peu sans enfouir sa personnalité pour autant. Si le galet ne veut pas disparaître, sa structure doit être solide. La confrontation avec les événements et les autres lui permet d'araser les angles inutiles. Il est difficile de devenir aumônier chez les parachutistes si on n'intègre pas d'emblée que ce milieu ne supporte pas la tiédeur.

Ainsi, quand Mgr Michel Dubost, alors évêque aux armées, me nomme à Toulouse à l'état-major de la 11e division parachutiste[1] en 1998, il m'indique d'emblée que je rejoins un milieu difficile, dans lequel tous mes prédécesseurs furent de fortes personnalités. De fait, j'ai la chance, et je dois relever le défi, de succéder à une longue lignée de padre, en particulier ceux de la guerre de 1939-1945 et des guerres d'Indochine et d'Algérie : le père Casta[2], le père Jégo[3], l'abbé Jeandel[4] ou le père Delarue[5]. Ils ont acquis, avec d'autres ensuite, les lettres de noblesse de l'aumônerie parachutiste.

---

1. La 11e division parachutiste est formée en 1971 et regroupe certaines des plus prestigieuses unités parachutistes. Dans le cadre de la restructuration des armées, la 11e division parachutiste devient la 11e brigade parachutiste, de taille plus réduite, en 1999.

2. François Casta, *Homme de Dieu, Homme de guerre*, L'Esprit du Livre, 2009.

3. Félix Jégo, *Ensemble, tous ensemble*, à compte d'auteur, 1968.

4. Paul Jeandel, *Soutane noire, béret rouge*, Éditions de la Pensée Moderne, 1959.

5. Louis Delarue, *Avec les paras des 1er REP et 2e RPIma*, Nouvelles Éditions Latines, 1961.

Un an après mon ordination, je suis accueilli à Toulouse en septembre 1998 par l'aumônier régional basé à Bordeaux, le père Richard Kalka, qui avait longtemps servi à la division parachutiste et connaissait parfaitement le milieu. Il m'ouvre quelques portes et me présente au colonel Daniel Pezet, le chef de corps du 14e RPCS[6] dont je dépendrai, ainsi qu'au général commandant la 11e DP, le général Marcel Valentin. Je suis vite seul et je dois tout apprendre. Lorsque je me présente pour la première fois en uniforme dans l'un des régiments que je dessers, mon béret est penché du mauvais côté. Le chef de corps que je salue m'explique aussitôt que je ne suis plus aux scouts mais chez les paras et m'indique la bonne façon de porter le béret. Cette anecdote révèle de quelle manière je suis projeté dans un monde, que j'étais pourtant censé connaître en tant que fils d'officier, mais où je dois tout apprendre.

Le souvenir de mon arrivée est lumineux. Pas seulement grâce au soleil qui brille encore sur Toulouse. Jeune prêtre, je veux me donner pleinement, non pour me faire plaisir mais pour les autres. Après des années de préparation, me mettre enfin au travail me procure une joie profonde. Ce milieu parachutiste n'est pas sans susciter en moi une certaine appréhension. Serai-je à la hauteur dans ce milieu que je connais peu, que je dois apprivoiser et dont je dois maîtriser les exigences ? L'aumônier doit être au niveau physiquement, moralement, et même spirituellement. Physiquement, le parachutisme militaire

---

6. Régiment parachutiste de commandement et de soutien. Cette unité est dissoute en 1999.

l'exige et l'aumônier doit se soumettre aux tests TAP[7]. Quand on se prépare à devenir prêtre, on ne se bâtit pas forcément un corps de parachutiste. Au séminaire, on passe plusieurs années d'études assis sur une chaise plutôt que sur des terrains de foot ou dans des salles de musculation. Moralement, nous devons nous préparer à des rapports humains pour le moins roboratifs, propres au milieu parachutiste, parfois fruste. Les officiers, en particulier, entretiennent volontiers une forme d'« anti-intellectualisme ». Même lors des repas, en popote officiers, toute discussion jugée trop intellectuelle sera la plupart du temps écartée. Enfin, du point de vue spirituel, il nous faut être « tout à tous » dans un milieu qui, comme le reste de la population française, n'est pas acquis à la cause catholique, loin de là. Le ministère d'aumônier parachutiste comporte donc une forte dimension missionnaire qui implique d'être le plus proche possible des hommes au travail, rejoignant en cela l'intuition, sans les dérives, des prêtres ouvriers.

La première étape qui s'impose à un futur parachutiste est de maîtriser sa spécialité. Avant de pouvoir sauter, il doit passer son brevet parachutiste, sésame indispensable pour prétendre servir dans les unités concernées.

En 1998, je suis géré par le 14e RPCS, une unité importante, forte de mille cinq cents hommes, destinée à des missions de commandement et de soutien pour la division parachutiste, dont le PC est établi à Balma, dans la

---

7. Troupes aéroportées.

banlieue toulousaine. Les différents chefs de corps auprès desquels je sers sont très accueillants pour le jeune aumônier que je suis. Je suis âgé de trente et un ans et les militaires sont contents de voir un jeune prêtre les rejoindre. En contrepartie, ils font preuve de plus d'exigence à mon égard et je comprends vite qu'il ne faut pas que je tarde à passer ce fichu brevet parachutiste. Le brevet est un « graal » technique, mais aussi symbolique. Un capitaine a ainsi refusé de me saluer pendant des mois sous prétexte que je n'étais pas encore breveté. Le milieu para est parfois un peu rugueux…

Quand je commence à courir pour m'entraîner, je ne suis pas au niveau. Enchaîner plus de cinq kilomètres d'affilée m'est impossible. Des problèmes de genoux et de dos ruinent mes efforts. Des sous-officiers spécialisés en sport me prennent donc en main pour m'aider à acquérir peu à peu la forme physique nécessaire au passage des fameux tests TAP[8]. Au mois de février 1999, je suis enfin prêt à passer mon brevet parachutiste. L'instruction au sol, au cours de la première semaine, est longue, agaçante et angoissante. Nous poursuivons ensuite l'instruction « au cul de l'avion », selon l'expression consacrée. L'équipement pèse près de quarante de kilos. C'est lourd. Nous sommes sanglés. Une angoisse permanente habite au fond de nous.

Par tradition, quand un aumônier para saute pour la première fois, il est accompagné de deux aumôniers

---

8. Test TAP1 : série de 20 pompes, 40 abdominaux, 4 tractions, 10 mètres de montée de corde. Test TAP2 : course, en treillis et rangers, avec un sac à dos de 11 kg : 1 500 mètres à parcourir en moins de 9 minutes, suivie d'une course de 8 km à effectuer en moins d'une heure.

déjà brevetés qui l'encadrent : un devant, l'autre derrière. Impossible de se dégonfler. Les pères Kalka et Saint-Esteben sont chargés de m'escorter pour ce premier saut. Juste avant, nous sommes reçus à déjeuner par le commandement de l'ETAP[9] de Pau. Je ne peux rien avaler tant je suis angoissé par cette sortie d'avion. Après le repas, nous gagnons le terrain d'aviation et la zone d'embarquement. Avant de former les faisceaux[10], les instructeurs nous invitent à faire le « pipi de la peur » : la moitié des gars part alors en courant vers les buissons alentour. La physiologie est ainsi faite que la peur déclenche une irrépressible envie de faire pipi. Nous essayons d'en rire, mais personne n'en mène large. De fait, le premier saut reste une expérience « d'homme » qui marque pour toute la vie. Erwan Bergot[11] l'écrivait en substance : « Qu'on le veuille ou non, il y a ceux qui l'ont fait et ceux qui ne l'ont pas fait. » Il avait raison.

Suivant un principe établi, l'avion n'attend jamais les parachutistes mais les parachutistes attendent l'avion. C'est ce que nous faisons, tout équipés, la peur au ventre. Le Transall[12] pose[13] enfin. Avant de monter dans l'appareil, de nombreuses instructions nous sont données par

---

9. École des troupes aéroportées.

10. Disposition particulière des armes ou du matériel quand ils ne sont pas portés par les soldats à l'occasion d'une pause (bivouac) ou en attendant l'arrivée d'un transport.

11. Erwan Bergot (1930-1993), ancien officier, est l'auteur de nombreux ouvrages sur l'épopée parachutiste française.

12. Le C-160 Transall est un avion de transport militaire en service dans les armées depuis 1965. À terme, il doit être remplacé par l'A400M.

13. Atterrit.

les chefs largueurs qui organisent l'intérieur de l'avion pour que nous sautions dans les meilleures conditions. La chaleur des moteurs se mêle aux vapeurs du kérosène, dégageant une odeur que l'on n'oublie plus jamais. Notre équipement fait l'objet d'une nouvelle vérification. Tout est extrêmement sécurisé. Le parachutisme n'est pas une activité sans danger et chaque année, les blessures au saut se comptent par dizaines, des simples foulures et fractures à des traumatismes beaucoup plus graves.

La portière arrière[14] s'ouvre. Une petite rampe que j'emprunte permet d'accéder à l'avion. Les largueurs inspectent encore mon équipement et m'indiquent une place dans l'avion. Plus que jamais, je me demande ce que je fais ici. Un de mes confrères, se voulant sans doute rassurant, répond en entonnant le « *Nunc dimittis*[15] » : « Maintenant, ô Maître souverain, tu peux laisser ton serviteur s'en aller en paix selon ta parole. » Une fois l'avion rempli et les paras installés, la tranche arrière se referme et l'avion commence à rouler. Nous décollons. Je me répète encore que je n'aurais jamais dû venir. L'avion atteint l'altitude de 400 mètres environ, il arrive à peu près au-dessus de la zone de saut. Les portières latérales s'ouvrent. Je m'en approche, le « trouillomètre » au maximum, pour m'éjecter. La situation est tout sauf naturelle, mais je vais pourtant sauter pour une raison qui me dépasse, peut-être stupide, très bien exprimée par

---

14. La « tranche arrière » est l'appellation exacte de cette issue.

15. Appelée aussi « Cantique de Siméon », cette prière est récitée le soir lors des complies et souvent à l'office des funérailles. Les paroles sont extraites de l'Évangile selon Saint-Luc (Lc 2, 29-32).

Jesse Glenn Gray[16] : la volonté de ne pas être un lâche ou tout simplement le courage. Sur le moment, ce sont mes uniques moteurs. Bien que prêtre, je suis alors incapable d'accomplir ce premier saut pour le Bon Dieu et mon ministère. Le parachutisme est une expérience unique au cours de laquelle on se coltine à sa finitude et à sa peur, ce qui explique l'intensité du lien qui unit les parachutistes. Qui déclare n'avoir jamais eu peur est probablement un fou.

« Go ! ». Je finis par me jeter à travers la portière au niveau de laquelle je subis 300 km/h de vent latéral en pleine « tronche ». Une vraie claque. Je suis projeté dans les airs comme un fétu de paille, pétri par le sentiment que je suis foutu. Je ressens une violente secousse : le choc à l'ouverture dû au déploiement du parachute grâce à une sangle[17] qui le relie à l'avion. Une fois la voile extraite, cette sangle se détache du parachute et reste accrochée à l'avion. Ce mécanisme a été minutieusement étudié, comme j'ai pu le comprendre en suivant plus tard la formation de plieur de parachute. Le choc à l'ouverture du parachute est rude. Nous sautons les membres repliés, dans une position proche de celle du fœtus, mais ce choc nous déplie complètement en un instant. Les cervicales en prennent un coup, mais je suis si heureux que la voile se soit bien ouverte que j'accepte bien volontiers ce choc. Cette première expérience est une découverte formidable. Sans l'avoir connue, je peux la comparer à la première

---

16. Jesse Glenn Gray, *Au combat. Réflexions sur les hommes à la guerre*, préface d'Hannah Arendt, Tallandier, coll. « Texto », réed. 2012.

17. SOA : sangle d'ouverture automatique.

fois dans le domaine de la sexualité. C'est une expérience de vie unique, il n'y en aura jamais une deuxième semblable. Quand cette coupole de toile se déploie au-dessus de soi, tout semble merveilleux. La vie est belle et on comprend enfin pourquoi les oiseaux chantent quand ils sont en l'air. Spirituellement enfin, ce saut comme figure de l'abandon revêt une dimension très profonde.

Après le choc, nous devons procéder à quelques manœuvres sous voile, vérifier que la coupole est en bon état et que les suspentes ne sont pas emmêlées. Il faut aussi nous assurer rapidement que l'on est bien situé par rapport à la zone de saut et identifier d'où vient le vent pour prendre les bonnes tractions qui permettent d'en limiter les effets à l'arrivée. La descente est rapide. La séquence de saut à 400 mètres dure environ une minute en fonction du poids du parachutiste. À l'arrivée, quand nous « impactons la planète », un nouveau choc nous attend. « Impacter la planète » consiste à arriver au sol comme si l'on avait sauté de dix ou douze mètres, soit l'équivalent de trois à quatre étages. Même en y étant préparé, l'atterrissage demeure violent. Mais finalement, j'absorbe ce dernier choc en éprouvant un grand soulagement. Je suis vivant ! Merci mon Dieu ! De ce premier saut, je ressors très euphorique, ce qui s'explique du point de vue psychique mais aussi métabolique : toutes les hormones secrétées par le corps pour gérer le stress sont alors libérées.

Pour obtenir le brevet parachutiste six sauts sont requis, dont un saut de nuit, un saut avec gaine[18] et

---

18. La gaine est un vaste sac placé entre les jambes du parachutiste. Il contient tout le matériel dont il a besoin en opération.

un saut avec le parachute ventral. Je m'en acquitte et finis par obtenir mon brevet. C'est un véritable adoubement : désormais, je fais vraiment partie de la famille. Les parachutistes apprécient qu'un curé, qui n'est pas fait pour cela, soit passé par cette étape. L'aumônier n'est pas destiné à devenir un champion du parachutisme, mais rejoindre les « gars » dans cette pratique singulière, avec toutes les contraintes physiques et psychologiques qu'elle suppose, demeure indispensable. Avec le temps et les sauts, je finis par vivre le parachutisme de manière moins intense, mais cela reste une activité qui n'est pas sans danger. Il faut toujours se mettre un petit coup de pied aux fesses pour s'inscrire au saut et y aller. Au fur et à mesure, la peur disparaît lors de l'équipement, de la montée dans l'avion, et même de la sortie de l'avion. Des petits stimuli de stress demeurent – et heureusement – mais on s'y habitue. La peur de l'atterrissage demeure car je n'ai plus la souplesse de mes trente ans et encore moins celle des parachutistes qui en ont vingt.

Dans des unités hautement opérationnelles comme les unités parachutistes, le militaire fait du sport, s'instruit et s'entraîne. Comment vous adaptez-vous à ce rythme pour exercer votre ministère ?

L'aumônier se doit d'être auprès des militaires. Il va donc faire pas mal de sport et je sais gré à mes amis paras de m'avoir ainsi conservé en bonne forme car je n'aurais jamais fait autant d'exercice si je n'avais pas été aumônier parachutiste. Après le lever des couleurs à 7 h 45, nous partons dans la foulée pour faire entre une heure et une heure et demie de sport. L'entraînement est toujours suivi d'un temps de remise en condition et souvent d'un moment de détente autour d'un café. La convivialité est essentielle dans les armées. Un tireur de missile Milan[19] ne passe pas ses journées à tirer des missiles Milan. En revanche, pour pouvoir le faire avec efficacité le moment venu, quand il y aura vraiment besoin de lui au fin fond de l'Afghanistan, il doit s'entraîner tous les jours dans un environnement dans lequel il se sente bien. L'aumônier vit aussi ces moments de convivialité. À Carcassonne, au 3ᵉ RPIMa[20], je tenais portes ouvertes tous les matins muni de trois ou quatre litres de café chaud, et parfois de croissants. Ceux qui voulaient passer – tous grades confondus – pour partager un moment de détente dans mon bureau étaient les bienvenus. Ces moments conviviaux peuvent aussi avoir lieu dans les compagnies[21] car la plupart des gars ne viennent pas spontanément dans mon bureau. En revanche, quand je vais à leur rencontre au sein des unités, ils peuvent être amenés à me poser des questions personnelles auxquelles je répondrai plus tard, dans le calme. L'aumônier participe enfin aux séances d'instruction. Certes, il n'est pas nécessaire que je sache tirer avec la Minimi[22] ou que je maîtrise les nombreux savoirs techniques des militaires, mais

---

19. Missile léger antichar.

20. 3ᵉ régiment parachutiste d'infanterie de marine.

21. Les régiments sont constitués de plusieurs compagnies. La compagnie est une unité opérationnelle essentielle qui compte en général 140 personnes. Commandée par un capitaine, elle se compose elle-même de plusieurs sections.

22. FN-Minimi : mini-mitrailleuse de fabrication belge.

il demeure essentiel que je sois auprès d'eux en toute circonstance. Les militaires doivent savoir que je m'intéresse à ce qu'ils font. Je suis donc régulièrement avec eux sur les pas de tir, sans m'exercer moi-même. N'étant pas armé, cela n'aurait aucun sens. Mais je parle avec les hommes. J'encourage celui qui n'est pas très bon. Je félicite celui qui a bien réussi. C'est une dimension essentielle de mon ministère.

Cependant, ma présence aux entraînements ne relève pas seulement d'une exigence pastorale. Si, depuis tant d'années, j'accepte de les suivre, c'est aussi pour être auprès des éléments opérationnels quand survient l'action et éviter de me retrouver cantonné dans un environnement sécurisé. Je ne dois pas être une charge. Il est donc nécessaire que je sache me déplacer sur le terrain, que je connaisse les règles de sécurité et que je puisse être souple et furtif si la situation l'exige. Ces compétences techniques minimales font partie des éléments de crédibilité de l'aumônier. S'il acquiert une compétence réelle avec le temps, il doit pourtant toujours rester à sa place et se faire humble, tout en sachant occuper sa place légitime. Je dois rechercher en permanence un juste équilibre, que résume la formule d'un de mes présidents des sous-officiers au 3ᵉ RPIMa : « Le padre est un militaire non pratiquant. »

L'aumônier commet toujours des erreurs et peut se retrouver en déséquilibre parce qu'il n'est qu'un pauvre homme. « Trop » militaire ou « trop » prêtre, sa position n'est jamais totalement stable, car les êtres humains avec lesquels il est en relation ne le sont pas non plus. L'aumônier doit aussi satisfaire une autre exigence : celle d'être fort et faible à la fois. Sa force est nécessaire pour qu'il puisse prendre sa place au milieu des hommes. Mais sa fragilité doit être manifeste pour que ces mêmes hommes ne le considèrent pas comme un militaire identique aux autres. L'aumônier est non armé, ce qui matérialise sa vulnérabilité. S'il est emmené en opération, le commandant de l'unité doit prendre en compte la présence d'un personnel non armé dans le dispositif. Cette fragilité est parfois pesante. Non seulement parce qu'au regard de la situation, on aimerait parfois avoir une arme à portée de main, mais surtout parce que sans armes, nous ne pouvons éviter une forme d'« infériorité » face à des guerriers, dont le regard porte parfois les traces d'une certaine condescendance ou d'une certaine ironie. L'aumônier doit franchir cette porte étroite[23] comme l'y incite le Christ.

Pour s'intégrer au sein d'un régiment, pour connaître les gens et en être connu, il faut compter environ dix-huit mois. C'est la raison pour laquelle j'ai toujours considéré stupide que des aumôniers demandent à changer d'unité tous les deux ou trois ans. Parfois, l'apprivoisement est beaucoup plus rapide pour des raisons que l'on aimerait ne pas avoir à connaître. Dans mon parcours, ce fut le cas avec le 17ᵉ RGP où j'ai malheureusement pris ma place très vite en raison de tous les morts d'Afghanistan que j'ai dû accompagner.

À travers cette expérience, vous vous familiarisez avec une forme de risque – physique en l'occurrence – à laquelle

---

23. Lc 13, 22-30.

vous n'étiez pas forcément destiné. Avez-vous éprouvé des difficultés à vivre ce risque ?

Mère Teresa a laissé une prière célèbre : « La vie est un combat, accepte-le, la vie est une tragédie, lutte avec elle, la vie est une aventure, ose-la. » Dans notre foi chrétienne, et c'est ce qui contribue à en faire la beauté, nous sommes en marche à la suite d'une personne : Jésus-Christ. Cette marche nous place régulièrement en position de déséquilibre, et donc de risque. Mais s'arrêter revient à mourir physiquement, psychiquement, moralement ou spirituellement. On reste alors au bord du chemin en commençant à pourrir. Le psychiatre Scott Peck débute l'un de ses plus célèbres ouvrages par cette phrase : « *Life is difficult*[24]. » Il est indispensable d'accepter la vie comme un risque, contrairement à ce qu'une partie de notre société veut nous faire croire depuis quelques dizaines d'années. Il faudrait désormais posséder des assurances sur tout et ne prendre de risque sur rien. Des sirènes voudraient nous faire croire que la vie « c'est la ouate », comme le chantait Caroline Loeb dans les années 1980. Mais la vie est fondamentalement un risque. Le père de mon ami Jacky Ickx l'exprime avec finesse dans l'avant-propos du beau livre qui retrace la carrière de son fils : « Notre existence, le monde moderne sont le fruit d'innombrables audaces accumulées par les générations qui nous ont précédés. L'audace a été le moteur de toute civilisation. Elle est indispensable à la survie du genre humain qui n'a d'autre

---

24. « La vie est difficile. » Scott Peck, *Le chemin le moins fréquenté*, J'ai Lu, 1991.

choix que de toujours conquérir ou d'aller à l'anéantissement […]. Risquer sa vie est une liberté. C'est plus encore qu'une liberté. C'est un droit […]. Droit au risque consenti par une intelligence avertie qui veut tenter l'aventure, non comme un absurde coup de dés, mais comme un challenge sain exigeant maîtrise et caractère[25]. »

En 1998, les armées se préparent à connaître de profondes transformations liées à la disparation du service national et à la suppression progressive de nombreuses unités[26]. Quelles sont les conséquences de ces mesures sur l'état d'esprit des soldats quand vous rejoignez la 11ᵉ DP ?

Le moral est alors en berne. Même si les effectifs de l'armée sont encore importants, celle-ci connaît ses premiers grands trains de dissolution ainsi que la fin annoncée de la conscription. En 1998, presque dix ans après la chute du mur de Berlin[27], des branches de l'armée demeurent configurées dans une logique de guerre froide et se voient menacées de disparition. Les quatre cinquièmes de l'armée de terre, ainsi qu'une partie des forces de dissuasion, sont potentiellement concernés. Le milieu para dans lequel j'évolue présente la spécificité de n'avoir jamais perdu le contact avec l'opérationnel.

---

25. In Pierre Van Vliet, *Jacky Ickx*, éditions de l'Équipe, 2012.

26. Le 17 juillet 1996, sous le septennat de Jacques Chirac, le ministre de la Défense Charles Millon rend publiques les mesures de restructuration des armées. 38 régiments de l'armée de terre et trois bases aériennes sont dissous. Le 26 mars 1997, la loi mettant fin à la conscription obligatoire est votée.

27. Dans la nuit du 9 au 10 novembre 1989.

Presque tous les hommes des régiments parachutistes sont partis ou vont partir en opex. Que ce soit en ex-Yougoslavie[28], au Cambodge sous mandat ONU[29], au Rwanda[30] et sur bien d'autres théâtres. Les unités que je dessers sont en grande partie composées d'appelés, mais leurs cadres arborent tous des placards de médailles impressionnants. Pour ces hommes, partir est dans l'ordre des choses ce qui n'est pas le cas de tous les militaires. La situation évoluera avec la professionnalisation et la crise du Kosovo. En effet, depuis la fin des années 1990 toutes les unités qui n'ont pas été dissoutes sont susceptibles de partir. Or un certain nombre d'entre elles n'avaient pas quitté le territoire national et n'avaient pas été engagées sur des opérations depuis la guerre d'Algérie. Il a donc fallu fournir un important effort d'adaptation pour répondre à ces nouvelles dispositions.

---

28. À partir de 1992 et de la création de la FORPRONU (Force de protection des Nations unies) à laquelle a succédé l'IFOR (*Implementation Force*) en décembre 1995, puis la SFOR en décembre 1996.

29. Mission APRONUC (Autorité provisoire des Nations unies au Cambodge) de février 1992 à septembre 1993.

30. Opération Turquoise, de juin à août 1994.

Chapitre 6

LE BAPTÊME DU FEU : LE KOSOVO

Quand le soldat ne fait pas la guerre, il s'y prépare et s'y entraîne sans cesse. L'engagement armé, en situation réelle, n'est jamais anodin même après des années de service. Mais la première expérience du champ de bataille demeure un moment unique dans toute destinée militaire. Pour l'abbé Christian Venard, le Kosovo en fut le théâtre : une guerre cruelle héritée de la guerre froide.

***

En 1998, Milosevic entreprend de réprimer la rébellion albanaise conduite par l'UCK au Kosovo[1]. La situation inquiète les Occidentaux. L'OTAN bombarde la Serbie et le Kosovo au printemps 1999. Le 10 juin, les accords de

---

1. Situé au sud de la Serbie, frontalier de la Macédoine et de l'Albanie, le Kosovo est peuplé par une majorité albanaise et musulmane. La Serbie revendique sa souveraineté sur ce territoire où se déroula la bataille du Champ des Merles le 15 juin 1389. Cette bataille est considérée par les Serbes comme fondatrice de leur identité.

Kumanovo sont signés et débouchent sur la mise en place d'une force de paix internationale à laquelle vous appartiendrez. Quelles sont les circonstances de cette première opex ?

Au sein de la 11ᵉ DP, je suis attentivement l'évolution des événements. Avant même la signature des accords de Kumanovo, le général Marcel Valentin, qui commande la division parachutiste, part sur place avec un certain nombre de troupes parachutistes destinées à se déployer au Kosovo. Quelque temps après, un mardi, je reçois la visite du père Richard Kalka[2]. Alors que nous prenons tranquillement une bière au mess, il m'annonce que je dois rejoindre le dimanche suivant le 3ᵉ RPIMa qui opère déjà au Kosovo. Je le regarde avec des yeux ronds. C'est une chance inespérée, m'explique-t-il, en me souhaitant bon courage. Dans les jours qui suivent, je mène une course harassante pour préparer mon paquetage. Pas une seconde, je n'avais imaginé une telle décision. De manière ordinaire, l'aumônier ne part pas sans avoir passé au moins un an en unité. Je remplis donc un sac à dos, deux énormes sacs de paquetage et prépare la valise-chapelle qui contient de quoi célébrer la messe : un petit flacon de vin, une chasuble légère et réversible pour avoir deux couleurs liturgiques, une aube, quelques linges d'autel, une réserve d'hosties, un calice, un petit ciboire, un missel.

Le dimanche, j'embarque à Istres dans un Transall à destination du Kosovo. Ma première mission consiste

---

2. Outre sa fonction d'aumônier régional basé à Bordeaux, il est aussi responsable des opex pour l'aumônerie catholique.

à rejoindre le 3ᵉ RPIMa. Quatre heures plus tard, nous atterrissons à Kumanovo. La chaleur est écrasante. Par chance, un confrère, le père Jacques Griffon[3], m'accueille sur place et me désigne un Puma[4], moteur tournant, à bord duquel il m'a réservé une place. Nous récupérons en vitesse mon paquetage et je cours vers l'appareil. Outre l'équipage, nous sommes quatre à bord l'hélico et nous décollons de Kumanovo pour entrer au Kosovo, toutes portières ouvertes.

Les premières images du Kosovo et des villages brûlés sont restées gravées dans ma mémoire. À Mitrovica, ce sont les odeurs surtout qui s'impriment : celle de la mort, celle des cadavres d'animaux en putréfaction, celle du « cramé ». Comme dans une scène de film de guerre, la moitié de la ville brûle encore. Les flammes et la fumée se mêlent à la chaleur d'un été qui s'annonce étouffant. Je n'avais jamais vu une ville en feu à moitié détruite, ni de cadavres humains ou de carcasses de bêtes à l'abandon. Les principales violences sont alors derrière nous, mais le danger reste présent et parfois sournois. Certains secteurs sont truffés de sous-munitions à uranium appauvri[5], dont nous ignorons l'impact radiologique et dont nous nous tenons à distance.

Les sentiments qui prédominent en moi sont alors l'excitation et la joie d'être affecté auprès d'une des

---

3. Devenu depuis aumônier national de l'armée de l'air.

4. Hélicoptère de transport de troupe.

5. Les forces de l'OTAN ont utilisé des munitions de ce type, capables de percer les blindages des chars ou de pulvériser des bunkers, lors des bombardements du Kosovo et de la Serbie en 1999.

meilleures unités de l'armée. Porté par cet état d'esprit, je ne suis effleuré à aucun moment par l'idée que je vais peut-être mourir, dans des circonstances qui pourraient s'avérer atroces. Cette exultation intérieure s'articule paradoxalement à un calme profond car je suis là où ma mission, tant militaire que religieuse, doit me mener. Le besoin de la prière et le désir de dire mon chapelet surgissent comme une grâce venue du plus profond de moi-même. La foi nous enseigne que sans l'Esprit-Saint nous ne saurions prier. Si j'ai pu prier dans cet hélico, c'est donc que l'Esprit-Saint était présent. Ce besoin de la prière se manifestera par la suite dans toutes les opérations auxquelles je participerai, dès que je serai appelé à emprunter un moyen aérien. Le désir de prier dans ces moments-là traduit aussi une forme d'anticipation. Je vais être pris dans l'action en permanence et chaque petit moment de répit doit donc être un moment de prière. Cette prière est enfin l'occasion de dire au Seigneur que si là doit arriver ma dernière heure, « que Sa volonté soit faite », et en écho résonne *La prière du parachutiste*[6] : « Je te demande tout cela Seigneur parce que je ne suis pas sûr d'avoir toujours le courage de Te le demander[7]. »

Je profite pleinement de ces moments qui me frappent par leur beauté. Voler en hélico demeure une expérience extraordinaire, même dans un pays en guerre. La

---

6. Voir annexe 3.

7. La « Prière du Parachutiste » fut découverte sur le corps de l'aspirant André Zirnheld, officier des SAS (services spéciaux britanniques, qui comptaient de nombreux volontaires français) tué en juillet 1942 en Libye. Il l'avait écrite en 1938. Voir le texte intégral en annexe.

guerre possède une dimension esthétique incontestable ce qui pourra légitimement choquer ceux qui n'en ont pas l'expérience. Cette émotion esthétique est terrible car ce que l'on observe est tragique. Pour rien au monde je ne désire revoir un pays détruit comme le Kosovo. Mais j'y fais l'expérience d'une forme de fascination devant la puissance destructrice dont l'être humain est capable et qui débouche sur une sensation prométhéenne et esthétique[8].

J'atterris donc en hélico à Mitrovica, imprégné de ces premières sensations. Tous les passagers sont accueillis sur place. Le petit groupe s'égaye. Je suis seul. Mon arrivée n'a manifestement pas été annoncée. Me voici sur une hauteur de la ville, encombré de tout mon barda, ne pouvant avancer qu'à tout petits pas, sous une chaleur écrasante, au milieu des bâtiments détruits. De longues minutes passent quand soudain, comme dans une hallucination, je vois passer un militaire en tenue de sport et en train de courir. Je l'interpelle, lui explique que je suis aumônier militaire et que je dois rejoindre le 3ᵉ RPIMa, mais que je ne sais même pas où je suis. Nous sommes dans l'enceinte du camp français, me répond-il, mais le 3ᵉ RPIMa n'est plus ici, il a déjà fait un bond de plus vers le nord du pays. Cependant, une solution se profile : une réunion avec le général se déroule actuellement dans le camp en présence de deux ou trois officiers du 3ᵉ RPIMa,

---

8. Cf. Jesse Glenn Gray, *op. cit.*, p. 72-84. Le titre de l'introduction d'Hannah Arendt s'inscrit dans cet esprit : « Le spectacle envoûtant de la guerre. »

à l'époque commandé par le colonel Didier Legrand[9]. En effet, à la sortie de la réunion, l'un d'eux vient me récupérer et c'est ainsi que je peux enfin rejoindre le régiment. Ce fut une première expérience plutôt décapante.

La MINUK vient tout juste de commencer sa mission. Tout le dispositif militaire se met en place. Comment prenez-vous votre place dans cette organisation complexe et ce terrain que vous ne connaissez pas ?

Très bien accueilli par le 3e RPIMa, je dîne le soir de mon arrivée de quelques boîtes de ration avec le chef de corps. Dès le lendemain, je m'intègre dans le dispositif du régiment dont la mission consiste à sécuriser la zone nord du Kosovo depuis Mitrovica, point le plus sensible, jusqu'à la Serbie où nous tenons « *Gate One* », le poste frontière établi en avant de la zone démilitarisée. Notre zone est découpée en deux secteurs : une compagnie opère au nord et l'autre au sud. Le 3e RPIMa est une unité très opérationnelle, sans doute l'un des dix régiments les plus prestigieux de l'armée de terre. J'apprends vite et parfois de manière abrupte. Un matin, un adjudant-chef m'intercepte alors que je quitte l'état-major et me demande si je compte partir tel que je suis équipé. Je m'inspecte. J'avais bien mis mon treillis et mes rangers, le béret est posé réglementairement sur ma tête. Mais je n'avais pas ciré mes rangers. Cette opération doit être quotidienne et il me le fait remarquer. La leçon était fondée : les rangers

---

9. Qui termina sa carrière à l'été 2011 comme général commandant l'École nationale des sous-officiers de Saint-Maixent.

sont un bien indispensable pour le militaire en opération. Voici de quelle manière j'apprends. À trente-trois ans, j'ai la chance d'être encore assez jeune pour absorber ce contexte d'une grande complexité et m'immiscer au milieu de cette organisation, où se succèdent réunions de commandement et réunions opérationnelles, sans trop ennuyer les uns et les autres. Si je ne me débrouille pas par moi-même, personne ne fera le travail à ma place. C'est ainsi que de ma propre initiative, je parviens à me faire attribuer une P4[10] blindée que je suis allé négocier – presque voler – auprès du BCS[11] à Mitrovica. Au bout d'une semaine, je suis adopté. Le 3e RPIMa est un régiment très exigeant sur les critères d'intégration. Mais si l'on parvient à se faire accepter, on intègre la famille pour toujours.

La P4 me permet de rayonner pour aller voir les paras sur les positions qu'ils occupent. Soit pour passer un moment avec eux, soit pour vivre certaines actions comme des fouilles opérationnelles, des contrôles aux check-points, des patrouilles en montagne, ou pour tenir le pont emblématique de Mitrovica. Cette présence est gratuite. Je perçois rapidement si je dérange les hommes, même s'il m'arrive de me tromper. Un jour, dans un poste, je suis assailli par l'impression d'ennuyer tout le monde, mais au moment de partir, un des gars de la section vient me voir et me confie que mon passage leur a fait du bien. Nos gars sont frustes, ils ne disent pas toujours les mots que l'on a l'habitude d'entendre dans les milieux policés

---

10. Véhicule léger tout-terrain à quatre roues motrices.
11. Bataillon de commandement et de soutien.

ni de remercier pour une visite. J'apprends donc aussi à me méfier du premier ressenti.

En opex, l'aumônier joue aussi le rôle d'une courroie de transmission. Grâce à sa position hors hiérarchie, il peut participer le matin aux réunions de commandement en présence du colonel, et parfois du général, puis se retrouver dans l'après-midi loin de tout, dans un poste isolé où stationne une demi-section ou un groupe. De par cette situation privilégiée, il peut acheminer des informations dans un sens ou dans un autre. Vers le commandement, pour lui donner des informations sur le moral et le niveau de fatigue des hommes. Vers les « gars », toujours intéressés par les nouvelles récentes de l'environnement global qui permettent de mieux saisir les raisons de leur présence.

Dans un univers sous tension, dans lequel chacun joue un rôle précis et où tout est conçu pour favoriser l'efficacité opérationnelle, le passage de l'aumônier peut être une bouffée d'oxygène et l'occasion de se détendre un peu. Il est indiqué de posséder une bonne dose d'humour. Un jour, j'arrive ainsi sur une position où je dois partager le repas avec les paras. Je demande au capitaine de m'indiquer les toilettes avant de passer à table. Quand j'arrive sur place, je découvre une pile de revues pornographiques, que je m'empresse bien sûr de déchirer les unes après les autres puis je rejoins les hommes qui me font remarquer que j'ai pris du temps… Il me faut répondre du tac au tac. « Au moins, j'ai découvert pourquoi on appelait ça des revues de cul. Mais le papier glacé, ce n'est vraiment pas pratique pour se torcher. » Éclat de rire général. Le message était passé avec humour.

D'une manière générale et comme je l'ai déjà signalé, nous évitons tout prosélytisme. Chaque homme doit se sentir à l'aise. Ce n'est donc pas à l'aumônier d'aborder les sujets religieux. Si l'un ou l'autre veut poser des questions de cet ordre-là, il ne faut pas avoir peur d'y répondre, tout en ayant l'intelligence de la situation. Si le sujet devient trop prégnant, détourner la conversation est parfois la solution la plus indiquée. Il ne s'agit pas d'un refus de témoigner du Christ, de son Église et de sa foi, mais des discussions intempestives pourraient provoquer un effet inverse. En revanche, l'aumônier doit vivre de telle sorte qu'on ait envie de lui poser ce genre de questions, auxquelles il faudra donner des réponses dans des lieux et en des temps appropriés.

L'aumônier militaire est donc un personnage aux facettes multiples au sein des armées. Il peut être ami, camarade, psy, chargé de communication ou assistante sociale... Que reste-t-il de la dimension sacerdotale ?

Au Kosovo, les hommes peuvent assister à la messe tous les dimanches et je m'assure auprès du commandement que tout le monde en est bien informé. Une première messe est célébrée au PC à 9 heures, puis une seconde au sein d'une des deux compagnies du régiment, en alternant d'une semaine à l'autre. En opex, certains gars qui n'y assistent guère en France se rapprochent parfois de la messe. Le capitaine qui commandait l'une des compagnies était non pratiquant et je lui avais demandé de ne se sentir en rien obligé d'assister à la messe que je disais dans son unité. Mais de son point de vue, que je vienne dire la messe dans sa compagnie était un honneur et il tenait dès lors à y participer. Un autre dimanche, je reviens dire la messe dans cette compagnie. Le cadre est magnifique. L'autel est installé de manière à voir les montagnes serbes au loin. Une vingtaine de gars sont présents. Trois paras, qui n'assistent pas à la messe, vaquent à leurs occupations un peu plus loin. Pendant que je range les affaires, à la fin de la célébration, j'entends l'un d'eux dire aux deux autres combien il est frappé par l'expression apaisée de ses camarades qui étaient venus à la messe. Même pour certains non-pratiquants ou non-croyants, la messe est l'occasion de vivre un moment différent dans un quotidien très prenant. Les grandes fêtes religieuses sont des moments importants. À l'époque, nous sommes trois aumôniers déployés au Kosovo et nous préparons ensemble une grande célébration pour l'Assomption, le 15 août. Nous décidons d'organiser une seule messe pour les trois grandes composantes militaires françaises du dispositif, soit six mille hommes. L'église catholique de Mitrovica est bondée en cette journée particulière qui a marqué des centaines de militaires.

Enfin, dans les circonstances les plus dures – dès qu'il y a rencontre avec la mort, au champ d'honneur ou ailleurs – l'aumônier doit être présent. Heureusement, nous ne déplorons pas de tués français au cours de ce séjour qui fut néanmoins l'occasion d'une expérience marquante. Nous apprenons un jour le décès du père d'un parachutiste à qui je dois apprendre la nouvelle avec le capitaine commandant l'unité, avant de prendre le temps de discuter avec lui. Pour la première fois, j'accomplis une démarche que je serai amené à revivre à de nombreuses reprises, dans des circonstances toujours différentes. Quand la mort nous frappe ou nous frôle dans des circonstances opérationnelles, l'aumônier militaire est au cœur de son ministère. Toujours au Kosovo, je vais partager deux jours avec la section d'un garçon, grièvement blessé par balles. Lorsque que je dis la messe sur place, toute la section est présente, y compris les musulmans, les incroyants, les bouddhistes et tous ceux qui ignorent ce qu'est la messe. Cette sociologie inattendue induit un exercice de style compliqué. Dans de telles circonstances, je célèbre d'une manière particulière, en expliquant gestes et paroles au fur et à mesure pour ceux qui ne viennent jamais à la messe mais aussi pour les catholiques pratiquants qui ont parfois besoin d'une bonne « piqûre de rappel ».

L'expérience du feu relève de l'indicible expliquent souvent ceux qui y furent soumis et qui peinent à témoigner. Dans quelles circonstances avez-vous fait votre « baptême du feu » ?

Le pont de Mitrovica est le théâtre de ma première expérience du feu. Une section du 3ᵉ RPIMa monte la garde sur ce pont du côté albanais. Nous devons absolument contrôler cet édifice, seul point de passage entre la zone nord serbe et la zone sud albanaise. L'église orthodoxe et le cimetière serbes sont situés en zone sud. Dans ces circonstances, comme par hasard, les Serbes éprouvent le besoin d'aller brûler des cierges et de fleurir des tombes. À l'opposé, les usines qui ont fait toute la richesse de la région sont situées en zone nord et sont l'objet de la convoitise des Albanais. Le pont de Mitrovica est donc un point de friction emblématique. La situation est complexe et les Américains y sont attentifs car la présence des Français dans ce secteur stratégique ne les enthousiasme guère pour de nombreuses raisons géostratégiques et économiques.

Face aux Albanais, la situation est pénible pour les soldats français. En permanence, des individus nous crachent dessus, nous insultent, et nous avons interdiction de répondre. La situation est d'autant plus désagréable qu'en secteur serbe, nous sommes en général fort bien accueillis. Les Serbes nous apportent café, slivovitz[12], fromages et fruits à profusion. Ils évoquent en toutes circonstances la vieille amitié franco-serbe, les souvenirs de 1916, et les combats communs[13] pour nous montrer qu'ils sont nos vrais amis au Kosovo. Il faut se mettre dans la peau du simple soldat, du sous-officier ou même de l'officier, confronté jour après jour sur ce pont de Mitrovica aux invectives des uns, et à l'accueil chaleureux des autres pour comprendre combien il est difficile dans ces conditions d'assurer une mission d'interposition en toute neutralité.

De passage à Mitrovica, je décide de rendre visite à la section qui contrôle le pont ce jour-là. Il fait une chaleur à crever. Notre mode d'engagement nous oblige à porter un casque lourd et une « *frag-jacket* », ce gilet de

---

12. Eau-de-vie de prune traditionnelle.

13. En 1916, la France était venue en aide aux troupes serbes écrasées par les forces austro-hongroises et acculées à Corfou.

combat composé de lourdes plaques de kevlar[14] – qui s'est un peu allégé depuis. J'ai aussi prévu de profiter de ce passage à Mitrovica pour aller saluer un certain nombre de personnes à l'état-major, pour faire un saut à l'antenne chirurgicale et pour voir mon confrère aumônier du 21ᵉ RIMa[15], le père Michel Rossignol. Mais je tiens en particulier à retrouver les hommes sur le pont : c'est l'occasion pour eux de décompresser et pour moi de prendre le pouls des paras.

Arrivé dans l'après-midi, je discute avec eux aux abords du pont. Tout est calme. En un éclair, un caporal-chef se jette sur moi en hurlant : « Roquette ! » Sur le moment je ne comprends rien, j'entends juste ce hurlement. Plaqué au sol, je n'ai que le temps de lever la tête et de voir passer un engin volant en forme d'ogive qui s'avère être effectivement une roquette. Le projectile va exploser de l'autre côté du pont contre un véhicule blindé français. Nous ne déplorons ni blessé, ni mort. Avec cette première expérience du feu, je comprends que la peur se manifeste souvent après l'action. Dans l'instant, il est rare que l'on puisse réaliser l'importance du danger. Pour vraiment savoir ce qu'est la guerre, il faut l'avoir connue, comme l'affirment tant d'anciens. Le vrai courage ne vient qu'avec l'expérience du feu.

Par ailleurs, cette expérience va me confronter pour la première fois aux syndromes post-traumatiques – les fameux *PTSD*[16] – que j'ai beaucoup étudiés par la suite.

---

14. Matière composite résistant aux projectiles.
15. 21ᵉ régiment d'infanterie de Marine.
16. *Post traumatic stress disorder.*

Quelques jours après cet épisode, je retrouve le caporal-chef qui m'avait protégé avec tant d'à-propos non loin de la prison de Mitrovica. Il a besoin de parler avec moi parce que son binôme – le camarade à qui il est lié en toutes circonstances depuis leur formation initiale – vient de se suicider. Il me raconte tout ce qu'ils avaient vécu en commun dans l'horreur du Rwanda, ces dizaines de cadavres qu'ils avaient dû enfouir ensemble. Pour cet homme meurtri, la seule manière de tenir et de ne pas craquer est de venir trouver un padre pour se confier à lui. Je lui promets de le voir dans les jours suivants et lui demande de ne pas hésiter à me faire appeler s'il sent que ça ne va pas. Pour la première fois, je touche du doigt la réalité de ces traumatismes. Désormais, les « blessures invisibles » sont invoquées en toute occasion, pas toujours à très bon escient, alors qu'il s'agit d'une réalité très douloureuse.

Votre première opex s'achève par une expérience inattendue. Plutôt que de rentrer en France après avoir fait votre temps avec le 3ᵉ RPIMa, vous rejoignez l'ALAT[17] et le 1ᵉʳ RHC[18] pour deux mois supplémentaires. La transition s'opère-t-elle facilement ?

Travailler auprès de ces hommes fut une très belle expérience. Je devais quitter le Kosovo en septembre 1999, mais je reste sur place car l'aumônerie ne trouve personne pour me remplacer. En échange, je peux choisir mon affectation ce qui me permet de devenir l'aumônier du

_____
17. Aviation légère de l'armée de terre.
18. 1ᵉʳ régiment d'hélicoptères de combat.

BATALAT[19] basé alors au camp de Plana. Le milieu des pilotes est très spécifique. Marqué par la mentalité « béret rouge », je m'étais demandé – tout comme les militaires de l'ALAT – comment se déroulerait notre cohabitation. *In fine*, nous entretenons d'excellentes relations. Les pilotes ne cessent de m'inviter à voler avec eux si bien qu'à la fin de mon mandat, je cumule trente-cinq heures de vol, presque plus qu'un pilote abonné. J'hérite alors du surnom de « padre crevette », une « crevette » étant un personnel qui vole en permanence dans le jargon de l'ALAT.

À cette époque, nous nous situons encore dans une période d'« ouverture de théâtre ». La MINUK n'est pas encore devenue une lourde machinerie, encombrée de bureaux et d'états-majors de tous côtés. Notre quotidien est intégralement opérationnel. Chaque jour il nous faut répondre à des situations nouvelles. La question des *PTSD* me touche à nouveau à l'occasion du crash d'une Gazelle[20]. Grâce à Dieu, nous ne déplorons pas de mort. Les deux pilotes sont légèrement blessés, mais les opérations de récupération se déroulent dans de très mauvaises conditions. L'un des pilotes avec lesquels je me suis longuement entretenu par la suite est si éprouvé psychologiquement qu'il quittera l'armée pour ne plus avoir à piloter. Le BATALAT me fait un cadeau de départ exceptionnel en me proposant de regagner la France en hélico. Je conserve un souvenir merveilleux du retour. Les premières neiges tombaient au Kosovo en ce début du mois de novembre. Nous partons donc de Plana et nous survolons Bari, la

---

19. Bataillon de l'aviation légère de l'armée de terre.
20. Hélicoptère léger polyvalent.

baie de Naples, Rome, Solenzara[21], pour enfin arriver au Luc[22]. Là, une voiture militaire de Toulouse vient me chercher. C'est ainsi que s'achève ma première opex.

Moins d'un an plus tard, en octobre 2000, vous retournez au Kosovo pour un séjour de trois mois. C'est à cette occasion que vous êtes confronté pour la première fois à la mort opérationnelle. Que vous inspire cet épisode ?

Je suis alors détaché auprès du 3e RG[23], le régiment leader du « BATGEN 5 » qui concentre l'essentiel des forces du génie déployées au Kosovo. Trois « électros » – des gars du génie spécialistes de l'électricité – reçoivent un jour une mission de dépannage à mener à environ une centaine kilomètres de Novo Selo[24] où nous sommes basés. Ils partent accomplir leur tâche en P4, sur les routes enneigées, lorsqu'un poids lourd albanais fonce sur leur véhicule. Morts en service commandé, ces hommes ne sont pas considérés comme morts au combat. Des années après, leur décès continue de me mettre en colère. Sous prétexte qu'il ne s'agissait que de simples sous-officiers ou soldats, juste des électriciens, quelqu'un n'a pas voulu mettre à leur disposition le moyen aéronautique – un hélicoptère en l'occurrence – que les conditions climatiques justifiaient parfaitement. Ces trois gars sont morts, alors qu'ils seraient sans doute toujours vivants s'ils avaient pu

---

21. Où est établie la base aérienne 126.
22. Où est établie l'École de l'aéronautique navale.
23. 3e régiment du génie.
24. À une quarantaine de kilomètres au sud de la frontière serbe.

partir en hélico. Le dépannage de générateurs électriques en plein hiver sur des positions hautes est-il moins opérationnel et stratégique que l'inspection de routine d'un lieutenant-colonel dans un poste relativement tranquille et bien défendu ? Ce débat est récurrent dans les armées où l'on réserve parfois de précieux moyens à une « élite d'état-major » qui n'en a pas toujours besoin. Comme aumônier, je suis sans doute l'un des rares à pouvoir exprimer cette indignation de manière aussi ouverte.

Vous repartez une troisième fois au Kosovo en 2004 alors que la région est en proie à une nouvelle flambée de violences. Ce séjour, bien que très court, fut très dense. Qu'en retenez-vous ?

Je suis alors aumônier du 3ᵉ RPIMa de Carcassonne et du 1ᵉʳ RCP[25] de Pamiers. Après trois ans d'aumônerie à la 11ᵉ division parachutiste, on m'avait envoyé en août 2001 au sein de ces deux régiments prestigieux. Le 1ᵉʳ RCP est le plus ancien des régiments parachutistes. Créé en 1943 à Fès, au Maroc, il a notamment libéré la ville de Jebsheim en Alsace en 1944 après des combats d'une extrême violence. Le 3ᵉ RPIMa, que je connaissais un peu pour avoir servi avec lui lors de mon premier séjour au Kosovo, est aussi un régiment d'élite sur lequel plane le souvenir de Bigeard[26]. Travailler avec ces deux unités est la source d'une vraie joie.

---

25. 1ᵉʳ régiment de chasseurs parachutistes.

26. Le 3ᵉ RPIMa s'appelait alors 3ᵉ RPC (régiment de parachutistes coloniaux). Ce fut une des unités les plus célèbres de la

Au mois de mars 2004[27], les Albanais tentent à nouveau de chasser les Serbes du Kosovo. Ces derniers sont protégés par la force internationale qui avait été pourtant initialement déployée pour protéger les « gentils Albanais » contre les « méchants Serbes » suivant une logique binaire bien éloignée de la réalité du terrain. Les églises serbes sont pillées et brûlées. Dans les villages orthodoxes, on signale des viols sous les yeux et à portée de fusil des troupes françaises, dans des circonstances sur lesquelles je ne préfère pas m'appesantir, tant elles sont honteuses pour nous. Face à cette flambée de violences au Kosovo, un détachement « Guépard » est constitué. Ce détachement spécifique est prévu par le contrat opérationnel des armées afin de pouvoir projeter très rapidement des forces sur un théâtre donné. Un détachement « Guépard » est la force de réaction la plus rapide qui existe dans les armées françaises.

Nous sommes mis en alerte le 19 mars au matin. Mes deux régiments sont concernés avec un état-major et une compagnie du 1er RCP et une compagnie du 3e RPIMa. À 14 heures, je reçois un appel téléphonique m'enjoignant de prendre avant 16 heures un des cars qui, partant de Carcassonne, nous emmèneront à Toulouse d'où les avions décolleront. J'ai à peine le temps de rentrer chez

---

guerre d'Algérie. Il fut notamment commandé par le colonel Marcel Bigeard.

27. Les violences principales se déroulent les 17 et 18 mars au prétexte que trois enfants albanais se seraient noyés en fuyant des agitateurs serbes. Une enquête de Human Rights Watch a établi que cette histoire avait été inventée de toutes pièces.

moi. Je prends deux sacs de paquetage, je les place sous mes armoires et je fais tomber dedans tout ce que je peux. Je passe chez les voisins pour leur confier mon chat, sans savoir quand je rentrerai. J'essaie de joindre mon évêque sans succès. Il n'est pas là. On essaie de joindre l'aumônier responsable des opex. Il est injoignable aussi. Dans le car, je tente toujours de les joindre avec mon téléphone portable. En vain. Vers 18 heures, nous arrivons à la base aérienne de Toulouse. Le spectacle est magnifique. Sept ou huit Transall nous attendent moteurs tournants. Le général Emmanuel Beth, commandant la 11e brigade parachutiste, est venu ; il nous souhaite bon courage. Nous montons dans les avions avec nos paquetages. À minuit, nous sommes en poste à Mitrovica.

Quand les Albanais ont su que deux compagnies de parachutistes venaient d'arriver, ils se sont calmés, si bien que notre mission s'est achevée au bout d'un mois. Mais ce court séjour me vaut une mésaventure digne du meilleur roman d'espionnage de Vladimir Volkoff. Nous sommes déployés au Kosovo depuis quatre ou cinq jours. Des parachutistes de garde à l'église Saint-Sava de Mitrovica commencent à en déblayer les ruines[28] et récupèrent un certain nombre d'objets religieux, dont les reliques qui étaient encore dans l'autel brisé par les Albanais. Avec le général Xavier Michel qui commande les troupes françaises[29], j'organise la remise de ces objets aux autorités ecclésiastiques orthodoxes serbes, dans la partie nord de

---

28. Incendiée le 17 mars 2004.
29. Le général Michel sera directeur général de l'École polytechnique de 2005 à 2012.

Mitrovica. La situation se reproduit peu après, lorsque j'accompagne des carabiniers italiens au monastère de Devic[30] où ils doivent établir un état des lieux après son saccage. En arrivant sur place, je constate avec eux que les reliques de l'autel sont toujours en place et nous prenons de nombreuses photos pour l'attester. Je leur propose de les récupérer pour les protéger et les rapporter aux ortho-doxes. Rentrant en France plus tôt que prévu, je laisse ces reliques à un confrère aumônier militaire, avec charge pour lui de les remettre à qui de droit. Pour différentes raisons, il tarde un peu à les rapporter. Quelque temps plus tard, alors que je ne m'y attendais pas un instant, je me retrouve accusé dans la presse serbe – photos des carabiniers à l'appui – d'avoir volé les reliques. « *French catholic priest took holy orthodox relics*[31] », peut-on lire alors dans certains journaux serbes. Autant l'enquête militaire interne prouve sans difficulté que les reliques avaient bien été restituées, certes un peu tardivement, autant l'opération de désinformation est si bien montée – y compris par les services américains qui veulent ainsi nuire à la réputation de l'armée française au Kosovo – que bien des années après, il m'est toujours impossible de faire supprimer d'Internet les pages hébergées par un serveur russe qui continuent à véhiculer ces calomnies. Seul un procès international pourrait me permettre d'ob-tenir gain de cause. Cet épisode m'a beaucoup coûté, y

---

30. Après l'évacuation des religieuses qui y vivaient, le monas-tère a été pillé et incendié lors des émeutes de mars 2004.

31. « Un prêtre catholique français a volé de saintes reliques orthodoxes. »

compris au sein de l'institution militaire, où il a été occa-
sionnellement évoqué pour me mettre en difficulté. Des
gens plus compétents que moi ont ensuite géré ce dossier
qui, à ma connaissance, est remonté jusqu'au bureau du
ministre, en raison de la mise en cause de certains de nos
alliés. Cet épisode m'aura cependant permis de mieux
connaître les méthodes de travail des milieux du contre-
espionnage et de m'y faire quelques solides amitiés.

Chapitre 7

COMBATTRE EN AFGHANISTAN :
L'APRÈS 11-SEPTEMBRE

Après ses deux premiers séjours au Kosovo, l'abbé Christian Venard va découvrir un environnement d'opex radicalement différent. La guerre en Afghanistan inaugure le XXIe siècle. Les soldats français y combattent un ennemi insaisissable. Là-bas, la France et ses alliés veulent détruire les racines du terrorisme international. Les attentats du World Trade Center, perpétrés le 11 septembre 2001 par un commando kamikaze se réclamant de Ben Laden, ont changé la donne géopolitique mondiale. Mais sur le terrain, les schémas élaborés dans les cabinets et les « *think tanks* » sont parfois bien éloignés de la réalité.

***

Les attentats du 11 septembre 2001 déclenchent un bouleversement géopolitique dont les répercussions se font toujours ressentir. Les menaces qu'affrontent les armées françaises, les théâtres d'opération sur lesquels elles vont

119

agir, évoluent radicalement. Quel est l'impact de cette attaque terroriste sur votre propre itinéraire ?

Je sers alors au Liban où j'avais été envoyé à la mi-août 2011, moins de quinze jours après mon affectation au 1er RCP et au 3e RPIMa[1]. Je suis détaché auprès du 12e régiment de cuirassés à titre « individuel[2] ». C'est donc de Naqoura, où stationnent les troupes françaises de la FINUL, que je vis les attentats du World Trade Center. Ce jour-là, le médecin vient me chercher dans mon bungalow et me presse de venir vite car, m'explique-t-il, des événements terribles se déroulent aux États-Unis. Je vais suivre ces événements depuis l'infirmerie de la FINUL. Le Hezbollah[3] est pointé du doigt par les Américains et nous recevons l'interdiction absolue de sortir de l'enceinte du camp de la FINUL. Le bruit court que les Américains vont bombarder la région dans les heures qui suivent. La vie du Sud Liban est soudain vitrifiée. Un silence pesant s'installe. Toute la journée, nous entendions jusqu'à présent des tirs de « kalach[4] » en l'air, des voitures arborant des drapeaux du Hezbol-

---

1. Cf. *supra,* p. 113.
2. On essaye en général d'envoyer l'aumônier avec ses troupes. Ce n'est pas toujours possible pour un certain nombre de raisons dont la plus évidente est que tous les aumôniers ne sont pas susceptibles de partir, soit en raison de leur statut administratif, soit du fait de leur état de santé. D'où la désignation régulière des aumôniers en « individuel », dans des unités qui ne sont pas officiellement les siennes.
3. Mouvement chiite libanais lié à l'Iran, classé dans la liste des organisations terroristes internationales par les États-Unis.
4. Kalachnikov – Fusil d'assaut AK-47 de conception soviétique.

lah passaient régulièrement devant l'enceinte du camp. Plus rien. Nous sommes persuadés qu'une avalanche de bombes va s'abattre sur nous. Dieu merci, rien de tel ne se passe. C'est finalement en Afghanistan que les Américains localisent le nœud névralgique du terrorisme et la France va s'associer aux opérations qui sont déclenchées contre les talibans.

En septembre 2002, je suis désigné par l'aumônerie pour partir en Afghanistan, de nouveau au titre d'un détachement individuel. J'en suis fort mécontent car cela suppose de quitter à nouveau le 1er RCP et le 3e RPIMa, alors que mon séjour au Liban m'avait déjà amputé de plusieurs mois auprès d'eux. Aumônier de deux régiments hautement opérationnels, régulièrement engagés sur des opérations, je préfèrerais rester auprès d'eux. Mes sentiments sont pourtant mitigés. Cette mission est bien sûr très intéressante. Le théâtre afghan vient de s'ouvrir et les soldats français sont à Kaboul depuis peu de temps : tout reste à faire. Je proteste cependant et parviens à conclure une forme de transaction avec l'aumônerie catholique : j'accepte de partir mais demande à être remplacé après deux mois au lieu de quatre. Je suis affecté à une unité – le 11e régiment de cuirassés – que je ne connais pas. Arriver dans un environnement où l'on ne connaît personne représente toujours un investissement conséquent pour l'aumônier, tant humain que spirituel. Certes, je l'avais déjà connue au Kosovo et au Liban, mais je ressens de nouveau cette appréhension.

La mission des Français consiste à sécuriser la zone aéroportuaire de Kaboul et la plaine de Chamali qui s'étend au nord de la capitale. À l'époque, il n'est pas question que nous intervenions ailleurs. L'Afghanistan est un éblouissement. Je suis saisi par la beauté fulgurante de ce pays. La plaine de Kaboul est déjà à 1 800 mètres d'altitude et les sommets qui l'entourent culminent à 5 000 mètres et plus. Nous sommes sur les hauteurs de ce pays, au pied des balcons du monde. J'arrive d'abord à Douchanbe, au Tadjikistan, dans un avion militaire de type civil. Pour me rendre de Douchanbe à Kaboul, j'emprunte ensuite un Transall. Si je me penche un peu par le hublot, je peux admirer toute la chaîne de l'Hindu Kusch. Le paysage est fabuleux. Je vis un rêve, sentiment que je retrouverai plus tard en arrivant à Tombouctou. Kaboul est une ville mythique. Nous en avons tellement entendu parler qu'aujourd'hui elle fait partie de notre quotidien. Pour les gens de ma génération, cette ville représentait avant tout la bataille des moudjahidines contre le communisme. En 2002, qui pouvait prétendre connaître Kaboul ?

Je découvre une ville ravagée par la guerre et une réalité plus complexe que ce qu'en rapportent les médias. Les petites sœurs de Jésus[5], dont la plus âgée est présente sur place depuis plus de quarante ans, m'expliquent que l'essentiel des destructions procède de la guerre clanique. Talibans, Russes, Américains, tous y ont participé, mais les pires ravages sont issus de la guerre qui a divisé les Afghans après le retrait des Soviétiques[6]. Ces petites

---

5. Congrégation religieuse inspirée de la vie et de la spiritualité du bienheureux Charles de Foucauld, fondée par sœur Magdeleine de Jésus (1898-1989).

6. Lire à ce sujet le témoignage d'un des principaux chefs de la résistance afghane : Amin Wardak, *Mémoires de guerre*, Arthaud, 2009.

sœurs de Jésus sont admirables, je leur rends un vibrant hommage. L'admiration, la reconnaissance et la fidélité que je leur porte est sans borne. Par leur présence auprès de la population afghane de leur quartier, ces héritières de Charles de Foucauld, offrent le témoignage d'une vie chrétienne au service exclusif des musulmans. Et si leur exemple a pu toucher le cœur des musulmans, il touche aussi mon cœur de padre. Les haltes que je peux faire chez elles – dont la célébration hebdomadaire de la messe – sont des parenthèses spirituelles sans pareilles. Grâce aux petites sœurs, j'ai l'occasion de rencontrer dans leur appartement des femmes afghanes dévoilées, ce qui est impossible ailleurs. Ces religieuses, dont deux sont issues des meilleures familles françaises, pouvaient prétendre à tout dans une vie mondaine ou civile. Elles ont tout donné au Christ. Et pour donner leur vie au Christ, elles ont tout donné aux Afghans en vivant à l'afghane.

Au pire moment de la guerre des clans, quand tout leur quartier s'était réfugié au Pakistan, elles étaient aussi parties pour s'installer dans une maison religieuse établie le plus près possible du camp de réfugiés où s'étaient déplacés les gens de leur quartier. Quand elles avaient quitté leur modeste appartement situé dans une série d'immeubles d'un quartier de Kaboul, des Afghans musulmans avaient récupéré sous les bombes et de nuit leur précieuse bible pour la leur remettre. Les petites sœurs de Jésus possédaient en effet le seul exemplaire de bible catholique rédigée en dari, la langue locale. Elles veillaient dessus avec le plus grand soin. Quand des gens demandaient à pouvoir lire la Bible, elles les invitaient à le faire chez elles, dans leur appartement. Lorsque la présence de prêtres était impossible dans le pays, des Afghans musulmans venus du Pakistan leur apportaient des hosties consacrées. Ces témoignages m'ont profondément ému. Si on ne croit pas en Dieu, il faut aller les rencontrer. Il est impossible ne pas croire en Dieu après avoir parlé avec elles.

Les petites sœurs de Jésus sont aussi les héritières du père Serge de Beaurecueil[7], qui a vécu à Kaboul. Il y est arrivé dans les années 1960 pour faire une thèse sur une des grandes figures du soufisme afghan. Affligé par la misère des enfants afghans, il a créé un orphelinat, expérience dont il a tiré un livre[8], dont certains passages sont d'une densité et d'une émotion rares. Je songe à son récit de la mort d'un enfant de douze ans, assassiné parce qu'il était un enfant de la famille royale. Dans des lignes admirables, il dresse un parallèle entre la mort de cet enfant, les enfants innocents de Bethleem[9] et, de manière générale, tous les enfants qui ont perdu la vie trop tôt. Ces lignes merveilleuses ont directement parlé à l'aumônier militaire que je suis, sans cesse confronté à la violence exercée contre des innocents, et m'ont aidé à toujours les replacer à la lumière du Christ.

---

7. Le frère Serge de Beaurecueil (1917-2005) fut l'un des trois membres fondateurs de l'Institut dominicain d'études orientales (IDEO), situé au Caire. Il vécut vingt ans en Afghanistan où il se consacra aussi aux nombreux orphelins et enfants des rues de Kaboul.

8. Serge de Beaurecueil, *Mes enfants de Kaboul*, Le Cerf, coll. « L'histoire à vif », rééd. 2004.

9. Sur ordre d'Hérode, les enfants de moins de deux ans de son royaume ont tous été tués peu après la naissance du Christ. Il espérait que Jésus ferait partie des victimes (Mt 2, 16-18).

Je voudrais aussi mentionner, parmi les figures qui m'ont marqué à Kaboul, un prêtre italien nommé Giuseppe Moretti. Florentin distingué, par amour pour l'Afghanistan où il est arrivé en 1977, il a accepté de devenir un conseiller ecclésiastique informel à l'ambassade d'Italie. Seul prêtre admis pendant longtemps sur tout le territoire afghan – avant les aumôniers militaires – il a assuré dans l'enceinte de l'ambassade italienne l'unique messe catholique du pays pour les étrangers résidant à Kaboul.

Prêtre catholique sur une terre d'islam particulièrement hermétique, ce séjour en Afghanistan est-il pour vous l'occasion de nourrir un regard différent sur les relations interreligieuses, et en particulier entre chrétiens et musulmans ?

À l'époque, les militaires français ont la chance de travailler au contact de la population. Nous ne sommes pas encore confrontés à des combats de haute intensité et nous nous concentrons sur des missions de fouille opérationnelle ou de contrôle des populations. Plus tard, le cloisonnement entre nos soldats et la population deviendra beaucoup plus étanche. Par les derniers échos que j'ai pu recueillir, peu avant le retrait de nos troupes d'Afghanistan, j'ai senti que les aumôniers rentraient animés d'une certaine frustration, déplorant de n'avoir vécu qu'entre militaires, sans plus aucun contact avec la population. Ce n'est pas mon cas. J'ai le bonheur de nouer de vrais contacts et de faire des rencontres extraordinaires comme un jour, dans un petit village de la Chamali considéré comme proche des talibans. Je me promène toujours avec ma croix pectorale glissée à l'intérieur de la veste de treillis, afin de ne pas heurter délibérément les populations. Cependant ma bande patronymique porte l'inscription « *Catholic Mollah* ». C'est la formule que nous avions identifiée avec les interprètes pour expliquer mes fonctions. À l'invitation des habitants, nous nous asseyons sur des tapis sous un mûrier, dans la chaleur d'un début d'après-midi, pour partager un thé afghan assez amer que l'on adoucit en suçant des bonbons au miel. Soudain, le mokhtar[10] voit ma bande patronymique et en demande la signification à l'interprète. Celui-ci se tourne vers moi. Je montre alors ma croix au mokhtar qui comprend aussitôt.

Il fait ensuite appeler le mollah de son village dont la première réaction est d'affirmer que l'armée française n'est pas une armée d'impies, puisqu'on y trouve des aumôniers. Nous ne représentons pas la même chose que l'armée Rouge, qui était une armée athée. Cette particularité nous rend respectables à ses yeux. S'il y a parmi les militaires français un « mollah » catholique, cela signifie qu'une partie des Français est composée de croyants, or le Coran préconise le respect des croyants, en particulier ceux du Livre. Les catholiques ne se reconnaissent pas dans ce concept puisque le christianisme se veut une religion de la Parole[11] ; c'est ainsi pourtant que le Coran définit les juifs et les chrétiens. Ce que l'Islam abhorre le plus, ce sont les impies, les incroyants, les athées. Pour un musulman, un impie est pire qu'un chien, parce que

---

10. Chef du village.

11. Catéchisme de l'Église catholique, article 108. Lire aussi à ce sujet : Rémi Brague, *Du Dieu des chrétiens et d'un ou deux autres*, Flammarion, 2008.

l'animal n'est pas responsable de sa croyance ou non en Dieu, contrairement à l'être humain.

Une discussion théologique s'engage alors. Le mollah, faisant référence au dogme de la Trinité, me demande pourquoi les chrétiens adorent plusieurs dieux, question qui perturbe l'Islam. Je lui réponds par une question : « Avant de te répondre, peux-tu me dire quelle est la principale caractéristique de Dieu ? » Je m'engage sur un terrain favorable car l'islam afghan est très marqué par le soufisme. « Dieu est amour », me répond-il. À partir de là, je peux lui expliquer comment les chrétiens considèrent que ce Dieu d'amour, justement par amour, ne peut pas rester seul et que de toute éternité – c'est la doctrine de la Sainte Trinité – Il se projette en une personne qu'on appelle le Fils, et que le lien d'amour qui unit le Père et le Fils est le Saint-Esprit. La conversation s'est terminée. Je n'ai bien sûr pas convaincu le mollah, mais c'était la première fois qu'il lui était donné de comprendre un peu mieux la foi des chrétiens.

Les Afghans forment un peuple merveilleux, doté d'un grand sens de l'humour quand on a la chance de vivre avec eux. Par contraste, la bêtise des présupposés de l'Occident me saute aux yeux. La civilisation afghane remonte aux temps les plus anciens. La religion des Afghans, qui n'est pas la mienne, est ancrée en profondeur et irrigue toute la société. Munis de nos gros sabots d'Occidentaux, nous nous permettons d'expliquer aux Afghans qu'ils n'ont rien compris et que notre modèle est le seul valide. Un malaise s'installe en moi. Ce peuple, je le respecte, je l'aime, même si je n'aime pas forcément tout ce que vit ce peuple. Lisant dans le même moment *Les Cava-*

liers[12], j'ai le sentiment de retrouver ce que Kessel avait vu plusieurs dizaines d'années auparavant : un peuple doté d'une grande culture et d'une véritable civilisation. Qui suis-je pour aller lui imposer mes vues ? La rencontre avec les petites sœurs de Jésus n'est pas étrangère à mes interrogations. La présence catholique réelle qu'elles apportent, à l'image de Charles de Foucauld, animées du désir de témoigner et non de convertir à tout prix, interroge nécessairement. Sans doute est-ce là la seule voie possible du dialogue avec l'Islam : le toucher par le cœur et par le témoignage. « On vous aime tellement ! Quel dommage que vous ne soyez pas musulmanes… Quand nous serons au paradis, vous ne serez pas avec nous ! », leur avaient dit un jour des Afghans qu'elles côtoyaient.

À l'occasion de ce séjour, je prends aussi conscience qu'il serait urgent d'apprendre, jusqu'au plus bas niveau de notre armée, le respect des civilisations que nous rencontrons. Conviction dont je ferai part ultérieurement au commandement. Cet objectif n'est pas facile à atteindre car les fondements juridiques et internationaux sur lesquels nous nous appuyons reposent sur une conception des droits de l'homme, elle-même issue d'un héritage occidental et chrétien laïcisé. Le militaire est la pointe armée d'une action, dont le fondement juridique et philosophique puise son essence dans le substrat occidental. Pourtant, son action ne pourra avoir d'effet bénéfique que si elle respecte en vérité la civilisation et le peuple auxquels il est confronté. Ces gens ont une identité propre et ne nous ont pas attendus pour l'avoir. Au nom de

---

12. Joseph Kessel, *Les Cavaliers*, Gallimard, 1967.

quel principe imposerions-nous un régime démocratique et des modes de vie occidentaux à un pays qui n'en a jamais voulu ?

Au nom du respect de la différence et des cultures, peut-on tout tolérer, y compris dans certains cas le viol délibéré des libertés individuelles et publiques ?

Je ne prétends pas établir de théories complexes et rigides. Je peux en revanche m'appuyer sur des expériences concrètes. Je songe ainsi au témoignage d'une femme afghane rencontrée chez les sœurs. Elle ne voulait pas quitter sa burqa qui lui permettait de quitter son quartier sans que personne ne la remarque ou d'aller faire des courses sans que tout le voisinage en soit informé. Je ne suis pas pour autant un partisan de la burqa. Mais avant de plaquer nos modèles, nous devrions faire preuve d'humilité et prendre le temps de la prudence pour mieux comprendre les situations et adapter notre action afin d'éviter ainsi qu'elle ne devienne contre-productive. Favoriser autant qu'on le peut l'éducation des jeunes filles, leur donner une vraie formation, leur éviter de se marier à peine nubiles, aide au progrès d'une société et à la valorisation de la femme. Mais à quoi bon si, en même temps, nous larguons des bombes de plusieurs tonnes depuis des B52[13] pendant des mois sur des populations civiles ? Une chose est de réfléchir au calme dans des bureaux à l'ONU ; la réalité du terrain en est une autre. Elle n'est pas ce que voient de très loin

---

13. Bombardier américain.

les observateurs de l'ONU calfeutrés dans de gros 4 x 4 blancs climatisés, frappés du sigle « UN[14] ». Je parle de réalités concrètes, de ces gamins que nos médecins militaires rencontrent dans le cadre de l'aide médicale aux populations, terrorisés à vie par les bombardements. Voilà qui est cher payé pour permettre à quelques égéries féministes européennes ou occidentales de brandir l'étendard du combat contre la burqa. Les décisions vite prises et les emballements sympathiques, y compris légitimes par certains aspects, doivent toujours s'accompagner de prudence, d'humilité et de réflexion.

Un certain nombre d'organismes ne tiendront jamais ce discours car ils « s'empiffrent » grâce à ces situations devenues un véritable gagne-pain. Beaucoup de militaires le pensent mais n'oseront le dire de peur d'être réprimandés. De théâtres d'opérations en théâtres d'opérations, nous finissons par bien connaître ces spécialistes de l'humanitaire… L'action humanitaire ne saurait cependant faire l'objet d'un rejet en bloc ; on y trouve aussi des gens remarquables, des personnes qui acceptent de grand cœur de donner un ou deux ans de leur vie, des jeunes diplômés de grandes écoles qui pourraient gagner leur vie et se mettent au service des autres. Il ne faut surtout pas les décourager. Comme dans la parabole du bon grain et de l'ivraie[15], je ne préconise surtout pas de supprimer l'ONU ou toutes les ONG ; car si nous coupons l'ivraie, nous risquons de couper le bon grain en même temps.

---

14. *United Nations.*
15. Mt 13, 24.

Pour revenir à une dimension plus opérationnelle de votre expérience en Afghanistan, avez-vous constaté des spécificités dans « l'art français de la guerre » par rapport aux méthodes des autres membres de la coalition ?

Notre armée n'a ni les meilleurs équipements du monde, ni les crédits les plus généreux, mais l'existence d'une « *french touch* » est unanimement constatée, en particulier dans la manière dont les troupes françaises sont capables d'entrer en empathie avec les populations locales. Au cours des derniers mandats en Afghanistan, notre fonctionnement s'est « américanisé » et le cloisonnement entre les militaires français et les Afghans est devenu presque étanche. Cette option a été choisie par les politiques en raison de la dégradation de la situation sécuritaire, en particulier après la sanglante embuscade d'Uzbeen[16] en 2008. Les autorités ne voulaient plus payer aussi cher. Dès lors, nous avons pris moins de risques, et nous nous sommes retranchés dans des campements fermés, les *FOB*[17], calqués sur le modèle américain. Les contacts avec la population ont été limités au minimum et nous n'allions plus à sa rencontre que surarmés, ce qui ne nous a pas évité de connaître de nouveaux épisodes tragiques comme l'attentat de la *shura*[18] en 2011. Mais

---

16. Le 18 août 2008, lors de l'embuscade d'Uzbeen (vallée de Surobi), dix soldats français (dont neuf issus du 8ᵉ RPIMa) sont tués ainsi que l'interprète afghan, vingt et un soldats français sont blessés ainsi que deux soldats de l'armée afghane.

17. *Forward operating base.*

18. Le 13 juillet 2011, des éléments du GTIA Kapisa sont chargés de sécuriser une *shura* (assemblée) près de Joybar, à quelques

ce que j'ai vu depuis au Mali m'a rassuré : nos armées, l'armée de terre en particulier, excellent toujours dans la capacité à travailler en étroit contact avec les populations qu'elles rencontrent.

Vous évoquez les ambiguïtés de l'intervention occidentale en Afghanistan. Là, comme ailleurs, le militaire est-il en droit de contester les raisons ou les modalités d'une intervention ?

Tout militaire a le devoir de réfléchir à ce qu'il fait et ce pour quoi il s'engage. Invoquer l'obéissance inconditionnelle aux ordres pour justifier toute action – comme le fit Adolf Eichmann[19] à son procès – est odieux. La vocation d'un militaire, du chef d'état-major des armées au plus humble des soldats, ne se limite pas à l'obéissance aux ordres : son rôle est aussi éthique. Chaque ordre, à l'exception sans doute des plus simples ou des plus routiniers, exige une réflexion, à l'opposé de ce que prescrit l'adage « réfléchir c'est déjà désobéir ». Être un vrai militaire au service de son pays exclut l'obéissance stupide et aveugle aux ordres. Qu'on laisse cela à cer-

---

kilomètres au nord de Tagab. Ils sont victimes d'un attentat qui fait cinq morts : un lieutenant et un adjudant du 1er régiment de chasseurs parachutistes de Pamiers, deux adjudants du 17e régiment du génie parachutiste de Montauban et un caporal-chef du SIRPA Terre images de Lyon.

19. Adolf Eichmann (1906-1962), officier de la SS allemande, fut un des principaux artisans de la déportation des Juifs d'Europe. Lors de son procès à Jérusalem, il fonda sa ligne de défense sur l'obéissance aux ordres. Condamné à mort, il fut pendu.

taines professions, mais certainement pas aux militaires ni aux forces de l'ordre. Réécrire l'histoire est un exercice dont les limites sont connues ; mais il n'est pas interdit de penser que si un certain nombre d'officiers allemands avaient été mieux formés au plan éthique – certains l'étaient d'ailleurs et ont fomenté des attentats – Hitler n'aurait pu faire ce qu'il a commis. Aujourd'hui, dans les armées françaises, le code du soldat – dont la pertinence peut parfois prêter à discussion – indique qu'un ordre n'est à exécuter que s'il est conforme aux lois et aux réglementations nationales[20]. Cette disposition doit être complétée par la pensée de saint Thomas d'Aquin[21], selon qui on ne doit pas obéir à un ordre qui s'opposerait à sa conscience. Refuser d'exécuter un ordre illégitime est un devoir moral, ce qui suppose de savoir analyser les situations à bon escient pour opérer un vrai discernement.

Pour évaluer le bien-fondé d'une intervention, le militaire doit analyser plusieurs paramètres. L'intervention au Kosovo fut ainsi l'occasion de nombreuses interrogations. En tant que citoyen, je peux légitimement me demander s'il était pertinent d'intervenir au Kosovo pour combattre la Serbie. Contester le bien-fondé de cette intervention, estimer que le choix du non-alignement aurait été préférable, est légitime. Mais en tant que militaire au service de mon pays, la seule question de conscience que je dois

---

20. Article 4 du Code du soldat (1999) : « Il obéit aux ordres, dans le respect des lois et des conventions internationales. »

21. Thomas d'Aquin (1225-1274) est un théologien et philosophe chrétien. Auteur de la *Somme théologique*, il est docteur de l'Église.

me poser est de savoir si le choix du président de la République est légitime ou non. En l'espèce, même si je considère qu'une intervention au Kosovo est une erreur, je ne vois pas d'éléments qui rendraient ce choix illégitime. Le président de la République est le chef des armées et il prend cette décision ès qualités dans le cadre fixé par la Constitution. La grandeur et la noblesse du militaire est de savoir dépasser sa position personnelle, sauf si l'ordre reçu s'oppose à sa conscience. Il lui faudra alors en tirer toutes les conséquences, y compris les plus préjudiciables. Je connais ainsi un colonel qui a refusé de combattre au Kosovo car il ne voulait pas affronter des orthodoxes chrétiens qu'il considérait comme ses frères. J'admire la cohérence de cet homme, même si son propos est sans doute simpliste : les orthodoxes serbes étaient surtout des ultranationalistes. Mais ce militaire a été cohérent avec lui-même et cela lui a coûté cher en termes de carrière.

En Afghanistan, au cours des deux mandats que j'ai accomplis[22], nous ne nous sommes posé aucune question sur la légitimité de notre intervention. Quand débutent les opérations, nous sommes accueillis comme des libérateurs par la population. À un bémol près. Si nous sommes reçus comme des rois, il n'est pas rare d'entendre dans la région de Kaboul une phrase récurrente : « Vous savez, vous, les Français, on vous aime bien. Et comme on vous aime bien, vous serez les derniers que nous tuerons quand nous aurons décidé de chasser tous les étrangers de chez nous. » Les Afghans voulaient chasser les étrangers, car

---

22. Christian Venard accomplit un deuxième séjour en Afghanistan auprès du 3ᵉ RPIMa de juin à octobre 2003.

ils considèrent que leur terre est sacrée. Qui suis-je pour interdire à un Afghan de penser du plus profond de son être que la terre sur laquelle il vit est sacrée et qu'il ne souhaite pas que d'autres s'y installent pour ces raisons ?

Passés les premiers trimestres de l'intervention occidentale, la situation évoluera radicalement et des interrogations éthiques surgiront. D'une part, parce que le choix américain d'intervenir en Afghanistan pour éradiquer le terrorisme semble de plus en plus contestable – on aurait pu aussi bien bombarder le Pakistan – d'autre part, parce que l'enlisement et les nombreux morts sont venus ternir l'euphorie initiale.

Chapitre 8

LA FRANCE SUR SON « PRÉ CARRÉ » : L'AFRIQUE

Au risque de maltraiter la chronologie au profit de la géographie, prenons la direction de l'Afrique. En opex, l'abbé Christian Venard a servi dans les Balkans, au Liban et en Afghanistan, mais aussi – bien sûr – en Afrique, terre d'élection de l'armée française depuis la décolonisation. À dix ans d'écart, il a vécu un conflit d'« hier » – la Côte d'Ivoire, avec la force Licorne – et un conflit de « demain » – le Mali, avec l'opération Serval, sans compter un passage par le Tchad dans le cadre de l'opération Épervier, déclenchée en 1986 et toujours en cours.

***

Le 19 septembre 2002, des éléments rebelles venus du Burkina Faso tentent un coup de force sur les principales villes de Côte d'Ivoire pour renverser le président Laurent Gbagbo. Cette situation de crise déclenche une réaction rapide de la France qui y déploie un dispositif militaire.

Quels sentiments vous procurent cette première expérience africaine ?

Lorsque survient la crise ivoirienne, je suis en Afghanistan où je viens d'être détaché à titre individuel, j'apprends alors qu'un de « mes » deux régiments, le 1ᵉʳ RCP, est désigné pour partir en urgence en Côte d'Ivoire. Deux de ses compagnies sont prépositionnées au Gabon. Dès cette nouvelle connue, je multiplie les démarches auprès de ma hiérarchie pour rejoindre le 1ᵉʳ RCP. Je suis appuyé par le chef de corps lui-même, le colonel Frédéric Thuet[1] et par le général Emmanuel Beth[2], commandant la 11ᵉ brigade parachutiste. Tous deux souhaitent que le régiment soit accompagné de son padre et ils obtiennent gain de cause. Non sans peine, je réussis à rejoindre le théâtre de Côte d'Ivoire depuis l'Afghanistan, en transitant par la France où je reste cinq jours dont trois sont consacrés à enterrer trois paras du 1ᵉʳ RCP, écrasés par un train alors qu'ils sortaient de boîte de nuit. Après une ultime escale au Gabon, j'arrive enfin en Côte d'Ivoire.

Arrivé sur place, je suis frappé par la fraternité d'arme qui règne entre parachutistes. J'atterris vers 4 heures du matin à bord d'un Transall dans lequel nous sommes sept ou huit passagers. À l'état-major à Abidjan, je rencontre un de mes anciens sous-officiers du 14ᵉ RPCS de Toulouse qui s'efforce de me trouver un lit pour que je puisse me reposer. Sur tous les théâtres, je constaterai ce sens de l'entraide. L'armée française ayant été largement

---

1. Qui a terminé sa carrière en 2013 comme général commandant l'École nationale des sous-officiers à Saint-Maixent.
2. Ambassadeur de France au Burkina Faso depuis 2010.

dégraissée et sa composante opérationnelle réduite, tout le monde ou presque se connaît, surtout en phase de déclenchement d'opération.

La situation est complexe à l'automne 2002. Aux forces loyalistes de Laurent Gbagbo s'opposent les rebelles des Forces nouvelles. Pour les militaires français qui y sont déployés, les enjeux et les modalités de la mission sont-ils clairement définis ?

Le lendemain de mon arrivée, je prends un rapide petit déjeuner avec le général et son staff à Abdidjan, puis je gagne Yamoussoukro[3] où stationne l'état-major du 1er RCP. Pendant les premières semaines de la crise ivoirienne, nous intervenons dans le cadre des accords de défense qui lient la France et la Côte d'Ivoire, alors que des éléments rebelles ont attaqué la présidence ivoirienne. Assurer une mission d'interposition n'est pas à l'ordre du jour. Notre première tâche consiste donc à pourchasser les FAFN[4], quand, pour des raisons obscures, nous recevons soudainement l'ordre de ne plus bouger, ce qui permet aux rebelles de se réorganiser et de s'armer à Bouaké[5]. Cette incertitude que nous constatons sur le terrain est liée à celle des responsables politiques français qui, eux-mêmes, semblent hésiter sur la politique à mener. Le président Chirac, qui commence son second mandat, ne fait pas partie des amis du président

---

3. Capitale administrative de la Côte d'Ivoire.
4. Forces armées des Forces nouvelles.
5. Fief de la rébellion, à 350 km au nord d'Abidjan.

Laurent Gbagbo, il est plutôt lié à Alassane Ouattara[6]. Le président Gbagbo en revanche, qui appartient à l'Internationale socialiste, est soutenu par le parti socialiste français. Peut-être des enjeux politiques franco-français contribuent-ils ainsi à expliquer les hésitations d'alors ?

Après avoir mis fin à notre poursuite des rebelles, nous recevons la consigne de nous retirer à Tiébissou, à une trentaine de kilomètres au sud de notre dernière position. De là, nous observons les FANCI[7], fidèles à Gbagbo, monter vers le nord pour attaquer les rebelles. Comme les militaires des FANCI ne sont pas d'un niveau excellent, ils ont tôt fait de subir une « avoinée ». Si bien qu'ils redescendent à toute vitesse, poursuivis par les rebelles dont nous stoppons la course à coups de mortiers. Une équipe de France 3, qui suit l'armée ivoirienne, manque d'être fauchée lors de ces tirs.

Le militaire doit avoir un ennemi déclaré ou une mission précise. En cette phase d'ouverture du théâtre ivoirien, ce n'est pas le cas. Les militaires français sont confrontés à des situations très ambiguës, que je ne peux évoquer pour des raisons de confidentialité, mais qui me déplaisent car j'estime qu'un certain nombre de mes paras y salissent leurs âmes. Psychologiquement, ils ne vont d'ailleurs pas très bien. De l'exécutant à l'officier en passant par le sous-officier, ils se rendent compte que

---

6. L'actuel président de la République de Côte d'Ivoire, élu en mai 2011. Opposant à Laurent Gbagbo, il manque de peu d'être assassiné en septembre 2002 par les « escadrons de la mort » au service de ce dernier.

7. Forces armées nationales de Côte d'Ivoire.

l'on est en train de créer un bourbier, que quelque chose ne tourne pas rond.

Fort de ce constat, je me permets d'aller voir le général Beth à Abidjan. À partir de plusieurs cas concrets, je lui explique les raisons de mes interrogations. J'ai présent à l'esprit l'exemple de quelques grands anciens, aumôniers parachutistes en Algérie, pour savoir que les militaires ne peuvent pas faire tout et n'importe quoi. En tant qu'aumônier, je dois me préoccuper du salut de leur âme et éviter qu'on ne les mette dans une situation impossible. C'est là une dimension essentielle de mon « job ». Ce que subit le peuple ivoirien est la seconde raison qui me pousse à intervenir auprès du général Beth. Ce qui advient au peuple ivoirien fait saigner mon cœur de prêtre et mon cœur d'homme. Grâce à un missionnaire français que je connais, je bénéficie d'un accès direct à la population ivoirienne. Les échanges que nous entretenons me font prendre conscience que nous montons de toutes pièces une cassure artificielle dans ce peuple pour des intérêts sordides. Les ambitions de quelques Ivoiriens, au pouvoir ou rebelles, et l'impéritie des responsables politiques français, incapables de déterminer une position commune, plonge dans une situation dramatique un peuple sympathique, affable, ouvert d'esprit, facile d'accès et plutôt drôle.

Si je viens exposer au général Beth mon cas de conscience, c'est qu'il représente l'autorité militaire et donc ma première autorité sur place. Mais si je ne trouve pas d'écho auprès de lui, je ne lui cache pas mon projet de m'en ouvrir alors à l'autorité religieuse, et s'il le faut aux médias. Le général tempère mes propos, mais ceux-ci rejoignent un certain nombre d'informations qui lui reviennent par d'autres sources ainsi que ses propres préoccupations. Dans la journée, il décide de placer le dispositif militaire français en force d'interposition avec mission d'éradiquer toute violence, d'où qu'elle vienne, du territoire qui était sous son contrôle. Plus personne ne doit accéder à cette zone démilitarisée. À partir de ce moment-là, nous entrons dans une phase plus classique et plus claire de notre intervention. Nous ne considérons plus que sur le terrain s'affrontent les « gentils » d'un côté et les « méchants » de l'autre, d'autant plus que la réalité nous montre que les exactions sont commises autant du côté loyaliste que du côté rebelle.

Ce premier séjour en Côte d'Ivoire fut une expérience très dure, à tel point que je demanderai à mon chef de corps et au général commandant l'opération l'autorisation de quitter le pays un peu plus tôt que prévu, ce qu'ils m'accorderont. C'est la première et dernière fois que je procède à une telle demande en opération. En cumulant l'Afghanistan, j'arrive alors à cinq mois de mission et j'atteins la limite de mes capacités. Il me faut prendre le large. Je ne peux plus apporter paix et réconfort, n'étant plus en paix moi-même !

Du point de vue religieux, la Côte d'Ivoire représente un théâtre particulier. Le pays se divise en deux grandes zones, l'une catholique, l'autre musulmane, tandis que demeure l'influence animiste. Quelles sont les spécificités de cet environnement qui s'imposent à l'aumônier militaire ?

Au début des opérations, je circule en permanence entre la zone rebelle de Bouaké où sont basés les commandos parachutistes du 3ᵉ RPIMa et une compagnie du 1ᵉʳ RCP, et deux villes situées en zone gouvernementale : Yamoussoukro, la capitale administrative, où se trouve l'état-major du régiment, et Abidjan, où est établi l'état-major de tout le dispositif militaire. Sur un théâtre d'opérations, les aumôniers doivent comprendre les enjeux locaux, ce qui implique de rencontrer la population et, quand c'est possible, les autorités religieuses du pays. Je me déplace donc vêtu de ma soutane de campagne, de couleur beige, qui me permet d'être mieux repéré par les Ivoiriens. En effet, pour l'immense majorité des Africains, un prêtre en treillis est une incongruité. Ma croix et ma soutane de campagne me permettent donc d'être bien identifié, en particulier par les rebelles qui m'appellent le « curé des parachutistes ».

La question religieuse est capitale sur le sol africain. Lors d'un de mes premiers voyages à Bouaké, je circule dans la voiture d'un des pères missionnaires du secteur quand nous devons nous arrêter à l'un des nombreux check-points montés par les rebelles à l'entrée de la ville. Il est protégé par un fétiche, mais les vibrations de la voiture du missionnaire le font tomber. Grand malheur ! Les prêtres catholiques ont fait tomber le fétiche ! Cet incident impressionne beaucoup les rebelles. De même, en revenant un jour de Bouaké, je transporte dans ma valise-chapelle des documents sensibles cachés sous mes ornements. Ils ne peuvent être plus en sûreté, car dès que les rebelles aperçoivent la valise-chapelle et la croix, ils n'osent pas y toucher.

Ces contacts me permettent de faire du renseignement d'ambiance et de relater au commandement les informations intéressantes que je peux glaner lors de ces rencontres, en particulier avec les missionnaires, les religieux et les religieuses. Mon rôle est parfois plus précis encore. Le général commandant l'opération me confie ainsi une mission particulière auprès de la Nonciature apostolique[8] afin de savoir si par son intermédiaire, il serait possible d'enclencher des discussions entre les deux camps. Des démarches en ce sens ont été entreprises, sans aboutir *in fine*. Au cours de toutes mes missions, sauf peut-être en Afghanistan pour des raisons linguistiques et culturelles, je suis allé au contact des populations et des responsables. J'y ai récolté des informations que j'ai confiées ensuite aux gens du « Rens[9] ». En revanche, je ne fais pas de renseignement opérationnel. Des spécialistes sont formés à cette tâche dans nos armées et il faut les laisser faire.

Depuis la décolonisation, les interventions militaires en Afrique sont parfois interprétées comme des ingérences néocoloniales, la France étant accusée de se comporter comme un gendarme dans son « pré carré » africain, surnommé « Françafrique ». Éprouvez-vous un tel sentiment en Côte d'Ivoire ?

La France et la Côte d'Ivoire ne sont pas les deux seuls pays impliqués dans cette crise qu'il convient de ne pas caricaturer. D'autres puissances sont parties prenantes dans l'affrontement. Quand nous pourchassons les rebelles

---

8. « Ambassade » du Vatican.
9. Abréviation de « Renseignement ».

jusqu'à Bouaké, au cours des premières semaines de notre intervention, leur effectif est évalué à cent cinquante hommes environ. Quinze jours plus tard, on en compte mille cinq cents, équipés de moyens de communication qui n'ont pu leur être fournis que par le biais de pays frontaliers et même occidentaux. Cette information m'a été communiquée par Tuo Fozié[10], l'un des principaux chefs militaires de la rébellion, et mes contacts du Renseignement militaire me l'ont confirmée. Par ailleurs, des fonds de pension américains auraient misé sur une hausse du prix du cacao, et l'envenimement de la situation ne pouvait que rendre leur placement plus intéressant. Je n'ai pu vérifier cette hypothèse, mais elle me semble plausible. Faut-il rappeler enfin qu'il existe dans ce conflit une dimension ivoiro-ivoirienne qui échappe totalement à la France.

De nombreux détails nous rappellent cependant que la « Françafrique » demeure bien vivante. Quand l'état-major particulier de l'Élysée appelle en direct le commandement de l'opération pour lui demander de déplacer une section, hors de tout impératif opérationnel, pour protéger la propriété d'une personnalité qui a contribué à financer la campagne présidentielle, de toute évidence, nous sommes en « Françafrique ». Quand le président Gbagbo envoie des mercenaires dans des hélicoptères russes pour mitrailler des populations civiles à l'heure du marché, tuant

---

10. Ancien adjudant des forces ivoiriennes, il est condamné pour atteinte à la sûreté de l'État en septembre 2000. Depuis le Burkina Faso où il s'est exilé, il est l'un des principaux organisateurs des opérations du 19 septembre 2002 et l'un des chefs du Mouvement patriotique de Côte d'Ivoire qui dirige la rébellion.

des femmes et des enfants[11], nous n'avons pas neutralisé ces appareils car des arbitrages politiques ont prévalu. Là encore, la « Françafrique » apparaît bien vivace.

En 2006, vous retournez en Côte d'Ivoire pour un nouveau séjour. Le contexte est très différent et le dispositif français est devenu une lourde machinerie, parfois grippée. Quelles évolutions constatez-vous chez les soldats français et au sein de la population ivoirienne ?

Le dispositif militaire français, baptisé Force Licorne, est désormais une lourde mécanique, composée de trois GTIA[12] établis à Bouaké, Man et Abidjan, nécessitant une importante logistique. Le 3e RPIMa est basé à Man, dans un GTIA à dominante parachutiste, à l'exception d'un escadron de cavaliers. Notre mission est classique et implique surtout des opérations de contrôle de zones et de populations. Le pays est toujours coupé en deux et les civils si sympathiques que je retrouve me confient leur fatigue et leur lassitude. À ma mesure, je m'efforce de contribuer à changer leur quotidien. Des catholiques ivoiriens me demandent ainsi de l'aide pour organiser un pèlerinage de jeunes en car vers Yamoussoukro[13], à

---

11. En avril 2003, des hélicoptères MI24 attaquent les marchés de Danané, Sanguinaré, Zouan-Hounien et Mahapleu. De nombreuses victimes civiles sont enregistrées. Ce sont ces mêmes hélicoptères qui tueront le 6 novembre 2004 neuf soldats français à Bouaké.

12. Groupement tactique interarmes.

13. Le président Félix Houphouët-Boigny y a fait bâtir la basilique Notre-Dame de la Paix, gigantesque réplique de la basilique Saint-Pierre de Rome.

moins de soixante-dix kilomètres de Man, où ils n'ont pu aller depuis des années. La crise économique est telle que les gens n'ont plus les moyens de payer un tel voyage. Grâce à la générosité des paras qui, très chics, financent les trois quarts du budget du pèlerinage, ce projet aboutit. Quand j'annonce le montant de la somme réunie et que je présente les laissez-passer permettant d'aller jusqu'à Yamoussoukro, un incroyable charivari éclate dans la paroisse.

Au cours de ce séjour, avec mon confrère du 8ᵉ RPIMa, le père Pierre de Châteauvieux, nous sommes déçus par le manque de profondeur de certains officiers français. L'officier général commandant l'opération multiplie ainsi les effets de manche, affiches à l'appui, pour annoncer qu'il punirait personnellement les soldats qui n'auraient pas suivi leurs traitements antipaludéens. Le « palu » est certes un grave problème en Afrique, mais il se soigne très bien dans nos armées quand il est détecté à temps. En revanche, je constate une grave défaillance morale du commandement face au sida, dont l'impact au sein des armées est infiniment plus grave que le paludisme. Quand un gamin de vingt ans est infecté par le VIH, toute sa vie est touchée, en particulier sa vie amoureuse ou la possibilité de fonder un foyer et d'avoir des enfants. Rien ou presque n'est dit sur le VIH[14] car aucune réflexion véritable n'est menée au niveau du commandement, paralysé face à cette question qui touche à la prostitution à laquelle certains de nos hommes ont trop souvent recours. Prendre cette question à bras le corps revien-

---

14. Virus de l'immunodéficience humaine, responsable du sida.

drait à reconnaître l'existence de pratiques au sujet desquelles des ONG, affiliées à l'ONU, traquent à juste titre les armées occidentales. De jeunes soldats se font ainsi contaminer alors que les chefs devraient tout faire pour protéger leurs hommes, y compris en les empêchant de faire des bêtises. Pour justifier ce mutisme, on ne peut se réfugier derrière une sacro-sainte liberté, qu'on empiète largement et légitimement dans d'autres domaines dans les armées. Dans le domaine moral, nous avons ainsi le devoir d'éduquer nos gens. À défaut de les convaincre du mal de la prostitution, nous devons les protéger eux-mêmes et protéger nos unités.

Vous servez au 3e RPIMa depuis 2001. La lassitude pastorale est-elle un sentiment qui peut surgir dans le cœur d'un aumônier militaire ?

Au cours de cet opex, j'établis un constat qui me bouleverse. Le 3e RPIMa que je dessers depuis six ans n'est objectivement pas devenu plus chrétien depuis mon arrivée. Toutes les portes me sont pourtant ouvertes dans cette unité où je suis, je crois, assez aimé. Mon âme sacerdotale se demande alors quelle doit être son action au regard de ce que Dieu attend, et non par rapport à ce que les hommes attendent, à savoir être un camarade sympa et fréquentable, avec qui l'on peut discuter. Je traverse quatre mois très durs au cours desquels s'avère essentiel l'appui du père de Châteauvieux et du docteur Gérard Chaput, le médecin militaire stationné dans le même GTIA, devenu depuis un ami. La proximité qui existe entre la vocation de Charles de Foucauld et celle d'un aumônier militaire me frappe à nouveau[15]. Comme lui, un padre vit dans une forme de désert, parmi des « mécréants », au sens étymologique du terme, c'est-à-dire des gens qui ne croient pas, qui ne savent pas croire ou qui ne croient plus. Contrairement au curé de paroisse qui peut voir les fruits de son action de manière palpable, l'aumônier peut ne jamais récolter ce qu'il a semé d'où le sentiment très douloureux d'une certaine infertilité qui peut naître dans son cœur. Il me faut apprendre à semer sans qu'il m'appartienne de savoir quand la semence germera et si elle germera. Cela appartient éventuellement à mes successeurs et ultimement à Dieu.

Au début de l'année 2013, vous participez à une troisième opex en Afrique, en intégrant le dispositif de l'opération Serval qui vise à éradiquer la menace islamiste au Mali. Avez-vous le sentiment d'avoir changé d'époque en comparaison à vos deux premiers mandats en Côte d'Ivoire ?

J'étais parti au Tchad dans le cadre de la mission Épervier[16] en octobre 2012. Nous savions que des choses se tramaient au Mali. Le nord du pays était passé sous la coupe d'Aqmi[17], Tombouctou est tombée. Les militaires surveillaient donc la situation mais nous étions loin d'ima-

---

15. Cf. *supra*, p. 77.

16. L'opération Épervier a été déclenchée en 1986 pour protéger le pouvoir tchadien des ambitions libyennes. Une présence militaire française a été maintenue depuis dans la région à des fins de stabilisation.

17. Al Qaïda au Maghreb islamique.

giner une intervention si rapide, qui nous prend presque de court. Il était plus que temps. Les chrétiens du Mali attendaient leurs derniers jours comme me le diront par la suite l'archevêque de Bamako ou certains prêtres missionnaires. Le vendredi 11 janvier 2013 au matin, nous recevons donc une « alerte douze heures[18] » en vue d'un départ éventuel vers le Mali. Les premiers éléments quittent le Tchad en fin d'après-midi et je les rejoins le dimanche.

Le conflit malien m'apparaît comme le premier conflit du XXIe siècle mené par l'armée française à la différence des opérations en Afghanistan où nous n'étions qu'un pion dans un système géré par les Américains. Le conflit malien est certes mené en concertation avec les Américains – rien ne peut se passer sans eux – mais c'est bien la France qui a la main. Rapidement, j'ai pu constater que les « *spin doctors* » américains avaient fait école dans les armées françaises. La communication devient une composante essentielle de notre stratégie. La dimension opérationnelle deviendra décisive par la suite, ponctuée par des épisodes sanglants, comme à Kidal en février 2013. Mais quand démarre l'opération Serval, une véritable offensive de communication est déclenchée. Communiqués, conférences de presse et points de situation accompagnent avec fracas nos premiers pas sur le sol malien. La dramatisation est orchestrée depuis Paris. Certains y ont vu une tactique de l'entourage du président Hollande pour redresser sa cote de popularité. Pour ma part, je n'imagine pas qu'un homme d'État prenne de telles

---

18. Le soldat doit être en mesure de partir dans les douze heures qui viennent.

décisions à des fins de politique interne. La communication est une arme et elle vise les terroristes.

Ce mot de « terroriste » permet d'éviter la controverse qu'aurait suscitée l'emploi du mot « islamiste », plus exact, mais qui induit une dimension religieuse que recherchent nos ennemis afin d'assimiler cette guerre à un retour des croisades. Eux aussi mettent en œuvre une stratégie en matière de communication et veulent présenter ces opérations comme une guerre menée par l'Occident chrétien (*sic* !) contre de courageux djihadistes qui n'aspirent qu'à pratiquer la charia sur leurs terres. Or ces fameux djihadistes que nous rencontrons au Mali sont des abrutis finis. « Ils sont très bêtes, ce sont des idiots ! », me confieront plusieurs femmes tombouctiennes ensuite. Ainsi m'a-t-on rapporté que peu après la chute de Tombouctou, un djihadiste arabe avait tué un djihadiste noir. Or la réponse du tribunal islamique temporaire à la famille de la victime qui réclamait une compensation financière fut de ne pas l'accorder car les « nègres », fut-il expliqué par les juges, étaient des esclaves. Cet épisode a suscité de fortes tensions chez les djihadistes. À peine arrivés, ils avaient réalisé la prouesse de se diviser.

Aussi imparfait soit-il, je comprends l'usage du mot terroriste qui relève de ce que les militaires nomment le « psyops[19] » ou de ce qu'on appelait autrefois propagande ou guerre psychologique. Il demeure pourtant clair que les authentiques terroristes ne sont pas l'unique com-

---

19. Le « psyops » regroupe toutes les formes de communication qui permettent de modifier le rapport de forces en agissant sur les esprits.

posante des forces que nous combattons. Certains sont mus par d'autres mobiles et sont pleinement convaincus de la justesse de leur combat. Une partie de la population touareg ne se reconnaît pas dans le gouvernement de type occidental installé à Bamako et pense qu'on lui refuse la place qu'elle estime mériter. Cette rébellion touareg a conclu des alliances avec des éléments exogènes de nature islamiste, venus de Libye, de Mauritanie, du sud de l'Algérie. Parmi ces derniers, une partie est de fait liée avec des mouvements qui relèvent d'Aqmi ou d'Al Qaïda. La réalité est donc nuancée. Mais comme le rappelle Jesse Glenn Gray[20] : l'ennemi doit être épouvantable. L'ennemi doit être l'ennemi absolu. Le qualifier de terroriste permet de servir cet objectif.

Sur le terrain, cette tactique n'est pas sans susciter un certain nombre de réserves. Ce barnum médiatique couvre en partie un grand vide logistique. À Bamako, au début du mois de janvier 2013, nous sommes dans l'impossibilité d'entreprendre quoi que ce soit faute de moyens. Or, dans le même temps, nous assistons à une communication inversement proportionnelle visant les terroristes. Nous sommes passablement agacés quand la « com' » arrive sur le terrain et réclame au commandement des sujets pour que les journalistes puissent avoir des images pour le « 20 heures », d'autant que certaines des actions suggérées sont susceptibles de mettre en péril nos soldats. Heureusement, le commandement à Bamako sait remettre la « com' » à sa place, tout en comprenant la légitimité de ses objectifs. Une sensation désagréable

---

20. *Op. cit.*, p. 198-199.

subsiste néanmoins parmi nous tant nous constatons une grande différence entre ce que nous entendons et la réalité objective du terrain. À une nuance près. Des moyens aériens substantiels sont en effet déployés et infligent de lourdes pertes aux terroristes tandis que les forces spéciales interviendront dans un second temps, notamment pour des opérations de marquage et de pointage qui servent au guidage aérien.

Parti de Bamako, vous allez remonter jusqu'à Tombouctou, ce qui représente un périple de plus de 900 km dans un environnement difficile et un délai très bref. Quels souvenirs vous laissent ce raid étonnant ?

La première étape de l'opération Serval visait à empêcher les terroristes de descendre encore plus vers le sud. De Bamako, un premier détachement, dont je n'étais pas, avait été envoyé dans la région de Markala, jusqu'à Diabali, afin de marquer ce coup d'arrêt. Les militaires français et maliens n'ont quasiment pas de combat terrestre à mener, car nos avancées sont précédées d'attaques aériennes violentes qui sèment la terreur. Quand nous arrivons dans les secteurs dont nous devons reprendre le contrôle, les véhicules des ennemis, bombardés depuis une altitude de dix kilomètres, sont encore fumants et encombrés de cadavres. En outre, les terroristes sont prévenus par des « sonnettes[21] » qui les tiennent informés de

---

21. Individus dissimulés dans la population locale qui avertissent la rébellion des mouvements des forces maliennes et françaises.

nos avancées, ce qui permet à une partie de nos adversaires de prendre la fuite à temps et d'esquiver le combat.

Notre objectif est ensuite de prendre Tombouctou, un bastion symbolique des terroristes. Tombouctou est une des grandes villes saintes de l'Islam. Après avoir investi la ville, les terroristes ont voulu en faire un laboratoire de la charia, la loi islamique. Par ailleurs, d'après nos renseignements, nos otages[22] sont probablement retenus dans le secteur de Tombouctou. La définition de cet objectif ouvre la deuxième phase des opérations et débouche sur l'organisation d'un raid offensif pour remonter le plus vite possible à Tombouctou. Avec cent soixante véhicules militaires dans un état discutable, cette mission est une véritable gageure. En cinq jours, sans dormir ou presque, nous la remplissons pourtant. Nous nous assurons que des éléments maliens sont bien placés en tête du dispositif puisque, officiellement, l'armée française est placée en « soutien » de l'armée malienne.

Ce raid demeure un souvenir magnifique. Ce que nous vivons au cours de ces journées est mythique. Le métier de soldat n'est pas de prendre des risques pour le plaisir, mais il ne lui est pas interdit de se rendre compte du caractère exceptionnel de ce qu'il vit. Je ne crois pas que dans ma vie je referai le trajet Bamako-Tombouctou dans

---

22. À cette époque, six otages français sont susceptibles d'être détenus au Mali : Thierry Dol, Daniel Larribe, Pierre Legrand, Marc Féret, Serge Lazarevic et Philippe Verdon. Depuis, le corps de Philippe Verdon a été retrouvé sans vie dans la nuit du 6 au 7 juillet 2013 dans le massif de l'Adrar des Ifoghas, à proximité de Tessalit, dans le nord du Mali. À l'heure d'imprimer ce livre, aucun des cinq autres n'avait été libéré.

ces conditions, bien différentes pourtant du Paris-Dakar. Certains parachutistes râlent au cours de cette remontée, ce qui est le propre du soldat français. Pour les remotiver, je leur dis de songer qu'ils pourront raconter à leurs enfants qu'ils ont fait le trajet Abidjan-Tombouctou[23] dans une Sagaie[24] ou dans un VAB[25]. Des accueils triomphaux nous sont réservés dans les villages et les petites villes. Les scènes de liesse et les signes de gentillesse se multiplient. Des gens viennent nous offrir des fruits et nous dire combien ils nous aiment avec la simplicité et l'exubérance que l'on connaît en Afrique. Ce sont des moments très émouvants. Je suis doublement touché, non seulement parce que cette population se sent libre grâce à nous, mais aussi car il n'est pas si fréquent que l'armée française se fasse acclamer, y compris par sa propre population. Dans la nuit du dimanche 27 au lundi 28 janvier, nous arrivons à Tombouctou. Le samedi suivant, faisant fi de toutes les règles de sécurité habituelles, le président de la République et son staff débarquent sur place alors que les lieux ne sont pas encore totalement sécurisés comme en attesteront les nouvelles tentatives d'attentats-suicides qui frapperont la ville après notre départ.

Comme en Afghanistan, je trouve un certain réconfort devant ces paysages pourtant d'une grande aridité. Nous

---

23. Certaines unités ont été détachées de la Force Licorne en Côte d'Ivoire pour se joindre à l'opération Serval, elles ont donc effectué un raid d'Abidjan à Tombouctou, soit un trajet encore plus long.

24. ERC 90 – « Sagaie » : véhicule blindé léger à six roues motrices équipé d'un canon de 90 mm.

25. Véhicule de l'avant blindé.

sommes tant matraqués par le matérialisme occidental, que tout ce qui peut nous décaper l'âme, en particulier le désert, est bon à prendre. Pour mon homologue, aumônier militaire musulman, c'est une grande joie de se retrouver à Tombouctou, ville sainte de l'islam. Il entre avec moi en contact avec l'imam de la ville et je l'accompagne pour la première grande prière du vendredi dans la grande mosquée de la ville libérée. Pour des chrétiens, Tombouctou n'est pas une ville anodine non plus. En 1904, Charles de Foucauld avait entamé un dangereux périple pour s'y rendre, mais il avait dû rebrousser chemin. Habité par cette pensée, quand j'arrive sur place, je découvre l'église de Tombouctou entièrement saccagée par les terroristes. Je célèbre donc la messe dans une petite chapelle montée de bric et de broc dans l'aéroport. On y a nettoyé une salle. Des soldats croyants ou non m'ont fabriqué une croix en bois[26] sous laquelle j'ai scotché un petit portrait de Charles de Foucauld et une image de la Vierge Marie. La messe est célébrée sur une simple table de campagne avec un drap blanc. Ce cadre est très simple mais très prenant. Passées les contraintes opérationnelles les plus urgentes, près d'un tiers du détachement vient à la messe du dimanche. Des catholiques peu pratiquants, voire des incroyants ou des soldats éloignés du fait religieux, éprouvent le sentiment que cette messe, en cette ville et en ce jour, n'est pas anodine.

---

26. Elle se dresse aujourd'hui dans la salle d'honneur du CPA 20 (Commando parachutiste de l'air) sur la base de Dijon.

Chapitre 9

PANSER LES BLESSURES,
SOIGNER LES TRAUMATISMES

« On peut demander beaucoup à un soldat, en particulier de mourir, c'est son métier », déclarait Hélie Denoix de Saint-Marc[1]. Cette vérité n'a pas changé. Pour l'aumônier militaire, la confrontation à la mort le place au cœur de sa mission. Mais comment accompagner les morts et consoler les vivants, quand on est soi-même meurtri ? Cette interrogation, tous les aumôniers militaires y ont été confrontés un jour.

***

L'aumônier militaire s'occupe des souffrants, il est alors pleinement dans son rôle, mais il peut souffrir lui-même.

---

1. Officier du 1er REP, ayant accepté de rallier son régiment au « putsch » d'Alger le 22 avril 1962, Hélie Denoix de Saint-Marc (1922-2013) a prononcé cette phrase lors de son procès devant le haut tribunal militaire le 5 juin 1961. Il fut condamné à dix ans de réclusion criminelle. Il était grand-croix de la Légion d'honneur.

Si vous n'avez pas été blessé dans votre chair, avez-vous fait en opex ou après l'expérience de ces blessures non visibles que nous avons déjà évoquées[2] ?

Les retours d'opex sont très durs. L'opex est une expérience fondatrice, marquée par des rapports humains extrêmement profonds ; la mission vous y imprègne totalement et le retour au quotidien s'avère souvent difficile. À mon premier retour d'opex – je revenais du Kosovo – j'en ai fait le saisissant constat. Quand on est parti presque six mois, la réadaptation est compliquée. Les gens, même ceux qui vous aiment beaucoup, ont continué à vivre sans vous comme vous avez vécu sans eux, malgré les moyens de communication contemporains et les échanges de courrier. Le militaire qui revient d'opex a vécu des expériences fortes qu'il ne peut, ni ne veut bien souvent partager. Son entourage essaie de lui raconter ce qu'il a vécu en son absence, mais cela ne l'intéresse pas ou guère. Quand on est prêtre, que l'on vit avec des amis ou sa famille, ces frustrations peuvent être désagréables, mais elles ne sont pas si graves. Il en va différemment dans un couple et la famille. Quand le père rentre, les enfants racontent une multitude de choses très importantes à leurs yeux, mais il y est assez indifférent au regard de ce qu'il a vécu. Il éprouve une impossibilité psychique à s'y intéresser. Si l'on n'y prend pas garde, les conséquences peuvent être tragiques. Certains commettent en outre une erreur majeure, que j'ai moi-même commise au retour de mon « premier Kosovo » : « vissés » à Internet, ils continuent

---

2. Cf. *supra*, p. 109.

de s'informer en détail sur l'évolution de la situation du théâtre d'opérations qu'ils viennent de quitter. Cela crée une frustration supplémentaire puisque le militaire rentré d'opération est privé de toute possibilité d'action. Depuis cette première expérience, je tranche dans le vif lors des retours d'opex, et je coupe les ponts qui pourraient encore me lier à l'environnement d'où je reviens. Avec l'expérience, on apprend à gérer de mieux en mieux la situation. On s'inquiète moins de ses propres réactions et l'entourage apprend à mieux vous appréhender.

Il est impossible de vivre des expériences intenses pendant plusieurs mois et de retrouver le quotidien sans que le psychisme et le physique ne s'en ressentent. Peut-on réaliser ce que les corps subissent en opex ? Nous passons des mois à manger des boîtes de conserve et à dormir sur des lits Picot ou des cartons. Au cours de mon premier séjour au Kosovo, je n'ai pas bu une goutte d'eau du robinet. À mon retour, je me suis surpris à avoir de grands fous rires sous la douche, quand l'eau se mettait à couler. Cette eau faisait ma joie ! Par contraste, notre chance de vivre dans un pays en paix devient criante. De ce fait, le militaire de retour d'opex peut aussi nourrir une certaine amertume à l'encontre de ses concitoyens, comme le téléfilm *Warriors*[3] a pu le montrer avec une exactitude saisissante. Certains modes de vie franco-français semblent alors d'une mesquinerie sans nom. Quand on a

---

3. « *Warriors, l'impossible mission* » est un téléfilm britannique de Peter Kosminsky diffusé en 1999. Il raconte l'expérience de jeunes militaires anglais servant comme casques bleus dans le conflit qui oppose les Croates, les Serbes et les Bosniaques en ex-Yougoslavie.

bourlingué sur différents théâtres d'opération, quand on a vu des horreurs, des populations quasiment affamées, l'envie peut vous saisir de devenir un « distributeur de baffes » à destination d'un certain nombre de privilégiés qui râlent au quotidien.

Je ne suis pas certain que beaucoup de Français réalisent que des militaires – leurs concitoyens – vivent de nombreux mois, dans des conditions difficiles, loin de leurs familles et de leur pays pour le service de la France, et donc à leur service. Au bout du compte, les mois d'opex représentent des années au loin, dans des pays souvent marqués par la violence et la pauvreté. Ces missions n'impliquent pas nécessairement une confrontation quotidienne au feu. Au Liban par exemple, les missions de la FINUL sont des missions de présence. Néanmoins, elles impliquent entre quatre et six mois loin des siens et du pays sans que les compensations financières – une prime équivalente à 1,5 fois la solde de base – soient à la hauteur des sacrifices consentis. Je voudrais rendre témoignage de cet engagement et redire à quel point leur sacrifice n'est pas assez pris en compte. Surtout quand ce sacrifice peut être celui de leur vie.

Précisément, depuis 1998, vous avez été amené à accompagner bien des morts et leurs familles. Morts accidentelles, morts en service ou morts au combat. Comment vivez-vous cette mission essentielle de votre ministère ?

Le père Yannick Lallemand, un de mes confrères les plus connus, qui avait sauté sur Kolwezi en 1978 avec le

2e REP[4], qui était aussi présent à Beyrouth en 1983 lors de l'attentat du Drakkar[5], a dit un jour : « Un aumônier porte avec lui tous les morts qu'il a accompagnés et il les porte toute sa vie. » C'est vrai. Combien de fois en célébrant la messe, en arrivant au *memento* des morts[6], j'ai une pensée immédiate pour tous ceux que j'ai accompagnés dans la mort. Nul n'a envie de mourir au combat, mais les militaires y sont tous préparés. En opex, la mort est presque « facile » à accepter. Elle survient au cœur de l'action et l'action doit continuer. Sur le terrain, l'aumônier doit permettre la ritualisation de la mort et assurer l'accompagnement spirituel et humain du mort, et de ceux qui restent. Sur le champ de bataille, la mort revêt un certain sens, ce qui ne signifie pas pour autant que le décès du camarade n'entraîne pas des dommages collatéraux et des traumatismes psychologiques chez ses camarades. Mais pour l'aumônier, comme pour tous les autres militaires, l'action prime.

---

4. En 1978, dans le cadre de l'opération Bonite, le 2e REP commandé par le colonel Erulin, saute sur Kolwezi. L'objectif est de libérer la ville de Kolwezi, au Zaïre (actuelle République démocratique du Congo), occupée par des rebelles katangais qui s'y livrent à de violentes exactions.

5. Le 23 octobre 1983, un attentat-suicide vise le Drakkar, un immeuble de Beyrouth où sont basés plusieurs unités parachutistes françaises. Cinquante-cinq hommes du 1er RCP et trois hommes du 9e RCP y trouvent la mort. Deux cent quarante et un soldats américains sont morts quelques minutes auparavant dans un autre attentat-suicide visant l'aéroport de Beyrouth. Le Hezbollah serait responsable de ces attentats.

6. Partie de la messe, qui remonte aux origines du christianisme, où le prêtre prie spécialement pour les défunts.

Si les morts d'Afghanistan m'ont tant marqué – je servais alors au 17ᵉ RGP –, c'est parce que j'étais en France lors de leur décès. Pour la seule année 2011, j'ai ainsi accompagné neuf camarades dans ces circonstances. En base arrière, la mort d'un camarade est plus dure à vivre. Soudainement, il nous faut prendre en compte non seulement le mort, mais aussi son entourage, tout en gérant un terrible sentiment d'impuissance. En effet, nous apprenons les événements à des milliers de kilomètres de distance, nous manquons de détails et nous n'avons aucun moyen d'agir sur le cours des choses. Cette impuissance est lourde à porter. Lourde pour l'aumônier, mais plus lourde encore pour le chef de corps. Comme disent les militaires, nous sommes obligés de subir.

Dans de telles circonstances, l'enchaînement des événements est souvent identique. J'apprends avec le tout premier cercle qui entoure le chef de corps, qu'un camarade est décédé dans la demi-heure qui précède sur le théâtre afghan. Nous ne pouvons encore rien dire, car l'information n'est pas officielle. Elle nous est directement parvenue du théâtre afghan par l'intermédiaire de nos camarades. Nous sommes cinq ou six dans le régiment à être dans la confidence et nous ne pouvons encore rien dire. Je me souviens en particulier de la mort de Guillaume Nunès-Patego[7], un des premiers hommes du 17ᵉ RGP tués en Afghanistan. Quand nous l'avons apprise, le 1ᵉʳ juin 2011, nous assistions à la base de Mon-

---

7. Le caporal-chef Guillaume Nunès-Patego est tombé en Kapisa lors d'une opération de reconnaissance et de recherche de caches d'armes. Il était âgé de 31 ans et père d'une petite fille.

tauban à l'inauguration de la salle des caporaux-chefs qui porte le nom du caporal-chef Patrice Colin, décédé au Liban[8]. Nous devions faire comme si de rien n'était, en présence des invités extérieurs, tout en bouillonnant intérieurement et en attendant l'appel officiel de l'état-major parisien qui confirmera la nouvelle.

Quand survient enfin ce coup de téléphone, une course contre la montre s'enclenche pour prendre de vitesse les médias qui sont à l'affut de ce genre de nouvelles. C'est leur métier, mais ce n'en est peut-être pas la partie la plus belle… Dans les meilleurs délais, nous devons informer ou voir les familles avant l'apparition de l'information à la radio, à la télévision ou sur le net. De ce point de vue, de grands progrès ont été enregistrés à l'occasion du conflit afghan. Désormais, la grande majorité des médias français joue le jeu. Ils ont compris qu'on ne peut pas faire n'importe quoi. Il est beaucoup plus facile qu'autrefois d'obtenir un embargo volontaire, pour laisser le temps à l'armée de prévenir dignement les proches du décédé. C'est une question d'humanité. Il n'est pas question qu'une famille voit s'afficher le visage d'un fils, d'un mari, d'un père ou d'un frère au journal télévisé et apprenne ainsi la tragédie.

Pour prévenir la famille, il nous faut la localiser le plus vite possible. Nous nous renseignons parallèlement sur la situation personnelle du militaire tué. Est-il célibataire, marié, divorcé, pacsé, en concubinage ? Père de

---

8. Le caporal-chef Patrice Colin a été tué le 4 septembre 1986 avec deux sapeurs parachutistes : Étienne Friedmann et Michel Lung-Hoï.

famille ou sans enfant ? Qui aller voir ? À qui téléphoner ? Quelle est la délégation militaire départementale
concernée ? Sa famille habite-t-elle loin ? Près ? Peut-on
envoyer quelqu'un tout de suite ? Peu à peu, nous com-
mençons à prévenir les personnes directement concernées
au sein du régiment. Le capitaine commandant l'unité
nous indique qui étaient les plus proches copains du soldat décédé. Il ne faut pas que les gars apprennent cela
n'importe comment.

Nous vivons une double effraction. Nous subissons la
première. La mort nous rejoint et vient vous saisir. Mais
nous commettons la seconde car nous sommes obligés
d'entrer dans la peau du mort pour accomplir toutes les
démarches nécessaires. Les hautes autorités parisiennes
nous demandent en effet tous les renseignements pos-
sibles pour déclencher le plan Hommage[9]. Ceux qui
sont les plus touchés par cette double infraction sont
le chef de corps et ses adjoints, l'assistante sociale, les
camarades les plus proches et l'aumônier.

*Vous le disiez, l'accompagnement des familles est une spéci-
ficité du travail de l'aumônier quand il est en base arrière et
que la mort frappe le régiment au loin. Comment annonce-
t-on l'indicible à ces familles ?*

La mort ne s'annonce pas de n'importe quelle façon.
Nous avons besoin d'y aller à plusieurs et de nous soutenir mutuellement. Le chef de corps représente le commandement, tandis que le président des officiers, des

---

9. Cf. *infra*, p. 171.

sous-officiers ou des militaires du rang, représente les camarades. Quand c'est possible, un ou deux proches du mort nous accompagnent. L'aumônier, enfin, est bien sûr présent. Dans les familles, les réactions sont toujours les mêmes. D'abord le déni – « Ce n'est pas possible » – ensuite la recherche de précisions – « Comment cela est-il arrivé ? ». Une scène du film *We were soldiers*, dans lequel Mel Gibson[10] joue le rôle principal, donne un aperçu réaliste de ce que nous vivons dans ces circonstances. Le colonel commandant le régiment n'est pas encore parti au Vietnam, il est encore sur la base arrière de l'unité aux États-Unis. Il doit annoncer un jour la mort d'un de ces hommes à sa famille. La maman est dans la maison, cuisinant. Une voiture noire officielle arrive au loin avec à son bord le colonel. Elle l'observe par la fenêtre sans mot dire, elle se demande ce qui se passe. Dès qu'elle voit sortir des militaires en grand uniforme, elle commence à comprendre. Elle ouvre la porte, ils n'ont pas besoin de dire quoi que ce soit, ses jambes sont en coton et elle s'effondre. Cette scène-là, je l'ai vécue avec quasiment chaque mère ou veuve du régiment. Lorsque nous arrivons chez elle, la maman ou l'épouse sort avec un grand sourire. Mais quand elle aperçoit les bérets rouges, le sourire se fige : elle réalise. « Le chef de corps, le président des officiers et l'aumônier, tous les trois en tenue d'apparat, viennent me voir un matin, à 10 heures. Ce n'est pas normal. » Pas besoin de paroles. C'est l'effondrement. Et c'est très dur à vivre car

---

10. *We Were Soldiers* est un film américain de Randall Wallace sorti en 2002.

nous avons l'impression d'être nous-mêmes coupables de ce que nous annonçons, d'autant plus que la personne endeuillée réagit comme si tel était le cas. Nous essayons d'apporter de l'affection, de la compassion, de l'amour à ces personnes, et leur première réaction est de nous rendre responsables du drame. C'est normal. Il nous faut l'accepter, mais c'est très douloureux, presque un coup de poignard. Dans la Bible, le porteur de mauvaises nouvelles est tué car il *est* la mauvaise nouvelle.

Le chef de corps parle en premier. C'est à lui qu'incombe ce devoir. C'est sous son commandement que le soldat a été tué, et parce qu'il lui avait ordonné de partir. Nous ne pouvons pas dire grand-chose lors de cette première rencontre. Dans les familles, la réaction de déni s'appuie sur de nombreuses explications : « Ce n'est pas possible : je lui ai parlé hier soir », « Ce n'est pas possible car j'ai reçu une lettre de lui ce matin », « Ce n'est pas possible car il m'avait dit qu'il reviendrait ». Ces phrases n'ont l'air de rien mais quand un époux dit à son épouse : « Je reviendrai », je trouve cela infiniment touchant et beau. Quand une épouse est capable de dire : « Ce n'est pas possible, il a dit qu'il reviendrait », c'est une preuve poignante de la force de l'amour humain. Si l'on demeure de marbre face à cela, alors il ne faut pas faire ce métier. Ni aumônier, ni même militaire. C'est d'autant plus difficile que nous ne pouvons pas nous laisser aller et manifester devant les familles l'émotion qui nous submerge.

J'interviens auprès de toutes les familles, quelle que soit leur religion. Quand survient le décès, nous ignorons en effet souvent à quel culte appartient le camarade décédé. Le pays étant en majeure partie de culture chrétienne, l'intervention de l'aumônier catholique relève de l'évidence, d'autant plus que les aumôniers des autres cultes sont moins nombreux et peu présents en régiment. Ainsi, de façon naturelle, le premier prévenu est l'aumônier catholique. Bien entendu, si nous savons de façon certaine que le mort est de confession musulmane, protestante ou juive, nous essaierons de faire intervenir en priorité l'aumônier musulman, protestant ou israélite le plus proche. Mais au moment précis de l'annonce, qui doit intervenir le plus vite possible après la confirmation du décès, l'aumônier catholique intervient dans la quasi-totalité des cas. Nous rejoignons en cela une intuition fondamentale propre à l'aumônerie militaire : nous sommes certes aumôniers d'un culte, mais aumôniers pour tout le monde, sans distinction de religion.

Je suis là pour tenter de réconforter les familles autant que faire se peut. J'affronte également leur déni et leur colère. Dans ces circonstances, je dois prendre beaucoup sur moi. J'y parviens grâce à une dose de professionnalisme et avec l'aide de Dieu, mais je suis transpercé de part en part. La colère initiale des proches du mort se tourne d'abord contre l'institution militaire ou politique. Je me souviens d'une de nos jeunes veuves qui ne voulait rien entendre de nous. Elle ne voulait voir personne du régiment, pourtant j'ai fini par réussir à lui parler au téléphone. Le dialogue a pu naître quand je lui ai dit pourquoi je comprenais sa colère et que j'étais en colère comme elle. Cette jeune femme a alors saisi qu'elle pouvait être entendue et comprise par ceux-là mêmes qu'elle rendait responsables de la tragédie. De fait, il est plus facile pour un aumônier de « remettre en cause »

des décisions politiques et militaires que pour un chef
de corps. C'est aussi une des raisons de notre présence
et c'est pour cela qu'il ne faut pas trop « militariser »
les aumôniers en exigeant d'eux une obéissance aussi
rigoureuse que celle qu'on exige d'autres militaires. La
marge de liberté propre à notre statut est indispensable,
à l'instar du médecin militaire qui juge d'abord de l'état
du patient avant de considérer son grade ou sa fonction.
Quand une famille me dit que tous les militaires sont des
« connards », je peux lui répondre en tant qu'aumônier
que je la comprends et que je peux parfois partager ses
sentiments. Malgré les circonstances, mes interlocuteurs
me regardent alors avec des yeux un peu ronds…

Lors de cette première visite qui peut durer longtemps,
un des objectifs est aussi d'arriver à faire un tout petit
peu sourire la famille. Il est possible d'y parvenir à l'aide
de petites touches d'humour, qu'il faut manipuler avec
délicatesse. Dans ces situations surviennent toujours des
moments absurdes, qui peuvent donner lieu à un tout
petit sourire, trois fois rien, qui sera sans doute suivi à
nouveau par de la colère ou des larmes. Mais ce sourire est
le signe qu'un lien de confiance s'est créé. Au-delà de la
douleur et de l'incompréhension, nous sommes capables
d'être ensemble dans la douleur, la souffrance et l'incompréhension. Chacun à sa place bien entendu. Je ne peux
pas souffrir à la place de la famille. Je ne peux qu'être
à ses côtés pour permettre, peut-être, que ce temps soit
juste un peu moins dur. C'est ainsi, en les rejoignant dans
leur souffrance, que j'ai fini par entretenir des relations
privilégiées avec certaines familles. Je n'ai pas perdu un
père, un frère, une épouse – et pour cause – en revanche,

leur douleur vient me perforer le cœur et l'âme. Cette souffrance morale permet de les rejoindre mais doit rester enfouie. On ne doit pas la faire peser sur une famille ou sur les camarades. Il serait odieux, dans ces moments-là, que l'aumônier dise que lui aussi souffre beaucoup ! Il n'y pas de mot pour qualifier ce que vit cette famille. Quand une mère de famille vous présente ces enfants et vous dit qu'ils sont désormais orphelins, que c'est d'un père dont ils ont besoin et non pas d'un héros militaire, c'est l'horreur absolue. À ce moment précis il n'y a rien de plus grave. Ces enfants vont grandir sans leur père et c'est abominable. Et ce que vit leur mère est terrible. Cela ne correspond pas à ce qu'elle a voulu et à ce que l'on peut espérer pour tout être humain. Nous sommes donc très loin au départ des questions religieuses.

Il existe un contraste tragique entre la douleur intime que la mort du soldat suscite chez ses proches et la froideur de la logistique exigée par la « gestion » de ce décès. Comment organise-t-on la prise en charge du mort tout en préservant ces familles ?

Une fois la famille informée, nous faisons en sorte qu'elle ne soit jamais seule et nous plaçons toujours auprès d'elle un camarade, si possible un ami proche du militaire tué, qui va presque dormir sur place et sera notre lien permanent avec elle. Très vite, nous subissons la pression des états-majors parisiens, ce qui est normal. L'annonce d'un décès déclenche une véritable effervescence jusqu'aux plus hauts sommets de l'État, au ministère de la Défense et même à l'Élysée.

Une énorme machinerie se met en route dont le chef de corps, l'aumônier et le BEH[11], sont les principaux rouages. On veut savoir tout et tout de suite. Procédera-t-on à une incinération ou à un enterrement ? Où ? Comment ? Avec qui ? Que sait-on de la famille proche ? Quels sont les antécédents familiaux ? Les éventuelles querelles ? Les dernières volontés ? Les dispositions du contrat d'assurance-vie ? La famille doit nous faire part au plus vite de ses volontés pour le défunt. Souhaite-t-elle une cérémonie religieuse ou non ? Accepte-t-elle qu'un hommage lui soit rendu aux Invalides ? Quel modèle de cercueil lui conviendrait ?

Dans des unités aussi professionnelles que le 17ᵉ RGP, qui a toujours déploré des morts en service commandé, nous savons obtenir rapidement les bonnes réponses. Ces questions sont légitimes, mais elles s'abattent en avalanche sur cette pauvre famille alors que le décès remonte parfois à moins de douze heures, qu'elle n'a toujours pas vu le corps de son défunt et que bien des circonstances demeurent encore indéterminées. Dans ce contexte, c'est le régiment qui sert d'interface. Une seule personne, issue du BEH du régiment, est nommée pour éviter de noyer la famille sous des myriades de questions redondantes. C'est aussi à cette personne que je m'adresse si l'évêque aux armées me demande des précisions. Sur certaines questions techniques qui relèvent du religieux, en revanche, nous allons poser les questions ensemble car bien souvent les familles sont dans le désarroi le plus total.

---

11. Bureau environnement humain, spécialement chargé du soutien humain et des familles au sein d'un régiment.

Nous pouvons aussi intervenir pour les préserver de l'aspect froid et mécanique de l'organisation administrative et de la hiérarchie. Il m'est arrivé un jour de téléphoner en colère à l'état-major particulier du président de la République pour refuser des dispositions que l'on souhaitait imposer. Je me souviens par exemple que des familles s'étaient vu refuser de voir les corps des leurs, au prétexte que ceux-ci étaient trop abimés, alors qu'elles le désiraient. D'après mon expertise, si les familles veulent voir le corps, elles doivent pouvoir le faire même si le spectacle est insoutenable. Cela participe du « travail de deuil ». Nous avons finalement obtenu gain de cause. Quand nous parvenons à une vraie proximité, les familles nous font confiance et suivent nos recommandations, en se fiant à notre expérience. Cette proximité exige des heures de présence, des soirées entières à écouter, à voir pleurer, à laisser du temps au silence, à l'incompréhension, aux mouvements de colère.

Vous avez évoqué le plan Hommage, cette grande cérémonie organisée aux Invalides chaque fois qu'un soldat français est tué au combat. Trouvez-vous cette initiative indiquée ou excessive ?

Pendant la guerre de 1914-1918, des centaines de morts tombaient tous les jours et on ne faisait pas de plans Hommage pour chacun d'entre eux. Ce dispositif pose en effet de nombreuses questions. À en faire trop, ne freine-t-on pas les processus de résilience ? Ne fait-on pas le jeu de nos ennemis qui n'attendent que ça ? N'est-ce pas trop lourd pour les régiments et les familles ? N'y a-t-il pas un risque de récupération politique ou de propagande militaire ? Et puis faut-il vraiment en faire autant pour un militaire qui meurt au combat, c'est-à-dire en exerçant son métier dont il connaissait les dangers ? Cependant l'évolution du lien armée-nation, du fait de la suppression du service national, invite à envisager les plans Hommage avec un regard différent. Paradoxalement, les sondages nous disent que l'armée bénéficie d'une cote de popularité inégalée depuis la fin de la guerre d'Algérie, alors que jamais elle n'a été si méconnue de nos concitoyens. Même les propres familles de militaires ignorent quasiment tout de cet univers. Le plan Hommage permet dès lors d'établir un lien entre l'armée et la nation, et d'atténuer le sentiment d'isolement des militaires. Qui parmi nous peut se plaindre que nos camarades – en particulier ceux qui sont morts au combat – soient honorés à la hauteur de leur sacrifice ?

Le plan Hommage n'est pas figé. Je l'ai vu évoluer avec le temps. Le bureau parisien qui en a la charge a toujours été à l'écoute des remarques que nous avons pu lui faire. Pour l'avoir hélas vécu un certain nombre de fois, j'ai constaté des évolutions qui ont toujours été positives, dont les plus récentes ont été voulues par le général Dary[12] qui a invité les Français à venir honorer les tués sur le pont Alexandre III à Paris lors du passage du convoi funèbre. Même si cela n'a pas l'ampleur de

---

12. Bruno Dary, né en 1952. Il effectue toute sa carrière au sein de la Légion étrangère et l'achève comme gouverneur militaire de Paris, poste qu'il occupe de 2007 à 2012.

ce que l'on peut observer aux États-Unis, cette initiative manifeste un petit frémissement.

Comment croire que Dieu est amour et veut le bien de l'homme lorsqu'on est aux premières loges de la violence, de la haine et de l'absurde ? L'accompagnement des morts et des familles endeuillées vous a-t-il déjà atteint dans votre foi ?

Même l'homme de foi ne peut qu'être interrogé par la mort. Pourquoi ce camarade ? Pourquoi maintenant ? Pourquoi cette souffrance ? Pourquoi ce malheur qui s'abat sur cette famille, sur ces enfants ? La mort nous confronte à l'absurde et à moins d'être les adeptes d'une secte – certainement pas les membres de l'Église catholique – il serait odieux qu'elle n'ébranle pas profondément notre foi, selon laquelle Dieu est un Dieu d'amour qui ne laisse rien arriver dans nos vies sans qu'Il ne l'ait permis. À moins d'être « in-humain », cette confrontation à l'horreur, à la souffrance, à la mort a des conséquences profondes dans nos vies.

Face à la mort de mes camarades, ce qui est humain en moi vit dans la révolte. C'est un état douloureux qui me pousse dans mes derniers retranchements. Cette révolte est inévitable et il faut savoir l'accepter. Dans le récit de la Passion, le Christ lui-même – tout en étant le Fils de Dieu – verse de la sueur de sang, demande à son Père d'« éloigner ce calice[13] » et vit tous les affres de la souffrance, de l'horreur et de l'effroi. Lorsque la mort

---

13. Mt 26, 39.

frappe, nous sommes pris dans un engrenage comparable, à l'image du Christ venu nous retrouver dans la souffrance. Cette détresse ne conduit pas pour autant à la remise en cause de la foi. Paradoxalement, elle conduit même à en mieux cerner l'objet. Dieu est venu rejoindre les humains en Jésus-Christ, précisément parce que notre humanité est blessée, pécheresse et vit dans la souffrance. Le Fils de Dieu vient se faire homme dans la souffrance et passe à travers la mort. Il n'assiste pas impassible à notre souffrance. Au contraire, Il est venu la partager. Cette conviction est un roc inébranlable. J'y crois de toute la profondeur de mon être. Je veux y adhérer de toute mon intelligence.

Il est pourtant difficile d'adhérer et de rester accroché à la Croix du Seigneur en sachant que notre salut y réside. Quand tout semble vous assurer que cette souffrance est vaine, seule la Grâce de Dieu permet de tenir et d'accepter la détresse qui est en nous. Face à la mort d'un de nos soldats, je souffre certes parce que je le connaissais un peu ou parce que la douleur de sa famille me bouleverse, mais surtout parce que ce Dieu d'amour que je représente comme prêtre, je ne Le comprends pas, et je ne comprends pas toujours les raisons de mon attachement à Lui. Alors je L'interroge : « Seigneur, je ne te comprends pas. Toutes les questions que l'on me pose, je ne sais pas y répondre. Comment puis-je faire alors que Tu n'es pas là, Seigneur ? » Il est pourtant là, sans aucun doute, mais il m'arrive de Lui en vouloir. Je ne peux pas absorber ces décharges émotionnelles sans que cela ne m'atteigne dans ma fonction, cela signifierait sinon que j'ai perdu ma part d'humanité. Il me faut donc vivre avec ces moments de révolte et d'incompréhension, et les surmonter. Quand le père Lallemand dit qu'un aumônier militaire vit jusqu'à la fin de ses jours avec tous les morts qu'il a enterrés, c'est profondément vrai. On ne se débarrasse pas des morts. Ils sont là. Ils forment un cortège amical et funèbre qui nous attend désormais de « l'autre côté du miroir[14] ».

---

14. « Nous voyons maintenant à travers un miroir, en énigme ; mais alors nous verrons face à face. Maintenant, je connais en énigme ; mais alors je connaîtrai comme je suis connu. » (I Cor. 13-12)

Troisième partie

AUMÔNIER DE LA RÉPUBLIQUE

Chapitre 10

PORTRAIT-ROBOT DU SOLDAT DE 2013

Avec la mutation sociologique de la France, la disparition de l'armée de métier ou l'apparition de nouveaux enjeux géostratégiques, le recrutement des armées françaises a lui aussi évolué, notamment chez les parachutistes. Bien loin du volontaire de l'an II, du mobilisé de 1916, de l'appelé des conflits coloniaux ou du « bidasse » des années 1970, le jeune soldat français des années 2010 – entre deux entraînements – joue à la console de jeux et écoute du R&B. Mais quand ce professionnel part en opex, il accepte de s'y faire tuer s'il le faut. Qui est-il ?

***

En 1998, lors de votre première affectation, les appelés du contingent sont encore présents dans les armées. Quinze ans plus tard, la professionnalisation est parvenue à son terme. Qui sont ces jeunes « paras », désormais tous volontaires ?

Ces garçons et ces filles qui se présentent aux portes des régiments pour faire leurs classes sont à l'image de la société française. Rares sont ceux qui entretiennent déjà une certaine familiarité avec l'environnement militaire ou qui sont mûs par le seul idéal de servir. Pour la majorité de ces jeunes gens, l'arrivée au sein des armées est l'aboutissement d'un concours de circonstances variées. Les motivations sont souvent économiques. Dans un pays en crise, l'armée peut offrir un vrai métier à des personnes qui peinent à s'insérer sur le marché du travail. Certains veulent fuir un milieu parfois compliqué et éviter de faire des « conneries », comme ils le disent eux-mêmes... Hors de l'univers des paras, très masculin par nature, un certain nombre de jeunes filles disent enfin vouloir intégrer l'armée pour échapper aux banlieues, aux grands frères et aux cousins. L'armée est le miroir de notre jeunesse et de notre époque.

Ceux qui se portent volontaires pour les parachutistes obéissent souvent à des motivations supplémentaires. Beaucoup viennent se dépasser et se prouver quelque chose. Une fois accomplis les cinq ans de leur contrat initial, certains rejoignent la vie civile. D'autres s'engagent aussi chez les paras parce que la solde est plus avantageuse que dans le reste de l'armée et les possibilités de partir en opex plus nombreuses. Mais en arrière-plan de ces différentes raisons, demeure toujours le goût de l'aventure propre à ce milieu très spécifique. Certains se rendent d'ailleurs très vite compte qu'ils ne sont pas faits pour les paras et partent après quelques jours de classe.

La grandeur du système de formation militaire consiste à faire comprendre à ces jeunes gens d'origines diverses et aux motivations hétérogènes qu'ils sont là pour servir leur pays. Lors des classes, nombreux sont ceux qui découvrent ce que signifie le dépassement de soi, le service du drapeau, du régiment, la camaraderie, le sacrifice et d'autres notions opposées aux valeurs de notre société. Ce contraste pose de sérieuses questions. Quand règne l'obsession de l'argent, du profit immédiat ou de l'écrasement du plus faible, sommes-nous en droit de continuer à enseigner à des jeunes que se faire trouer la peau pour 1 500 euros par mois peut avoir du sens ?

Pourtant, à leur manière, les jeunes paras de 2013 présentent autant de caractère et de capacité à se donner que nos vieux paras de 1939-1945, d'Indochine ou d'Algérie. Issus d'une société hyperindividualiste, ils ignorent certaines notions clés de la vie en société, dont le sens du collectif. Certains ne savent pas l'importance de se laver ou se raser tous les jours. Nous devons leur apprendre toutes ces règles, ce qui implique des méthodes parfois un peu rudes, ne serait-ce qu'au plan physique. Bon nombre des jeunes qui arrivent chez nous n'ont jamais marché de leur vie cinq kilomètres d'affilée. Il nous faut les habituer à faire des marches de trente ou quarante kilomètres, de nuit, avec aux pieds des rangers peu adaptées à ce type de situation. La formation que nous leur prodiguons doit les amener à se dire un jour que leur vie a moins d'importance que la mission que l'État, et ultimement le pays, leur demandent de remplir. Les règlements prévoient une formation de six mois. Pendant les six mois suivants, le jeune para reste en base arrière et ne part pas en opex. À l'issue de cette période, il doit être prêt à donner sa vie. L'hypothèse d'être tué au combat fait désormais partie de son métier et de sa vie.

Une « âme française » existe toujours chez ces jeunes qui rejoignent les armées, que ce soit à Saint-Cyr pour devenir officier, ou en régiment pour un contrat d'EVAT[1] de cinq ans. Ceux qui le veulent savent se surpasser et devenir meilleurs. Se mettre au service de son pays implique une certaine noblesse de cœur. Un homme qui découvre que des réalités le dépassent grandit toujours plus que celui qui n'est obsédé que par son seul nombril et la satisfaction de ses envies immédiates. Magnifier excessivement l'armée serait cependant erroné. Certains militaires sont de petites crapules et le resteront tout au long de leur contrat. Mais l'armée peut vraiment forger des hommes nouveaux. Je me souviens ainsi d'un para d'origine maghrébine, qui avait accompli près de vingt ans de carrière comme militaire du rang au 3ᵉ RPIMa. Cet homme avait même choisi de changer de prénom et de s'appeler Michel, en hommage à saint Michel, le saint patron des parachutistes. Lors de son pot de départ, nous avons tous versé une petite larme tant son discours était émouvant. Au cours de son allocution, il nous a dit que s'il n'était pas entré chez les paras, il serait en prison. « Si aujourd'hui mon banquier me salue avec respect, si dans mon quartier on m'appelle monsieur, c'est grâce aux paras », a-t-il ajouté. Ces propos m'ont d'autant plus frappé qu'ils vont à l'encontre des clichés véhiculés sur les paras, souvent présentés comme des bandits ou des voleurs de poules. Chaque para reste un être humain paré de ses qualités et de ses défauts, mais une bonne partie de ceux qui passent par cette école en ressort grandie.

---

1. Engagé volontaire de l'armée de terre.

*Au fur et à mesure de la rédaction des « livres blancs »,
le budget de la Défense s'amoindrit. La loi de program-
mation militaire 2014-2019, votée en août 2013, prévoit
ainsi la suppression de vingt-quatre mille postes dans les
armées. Quel est l'impact de ces restrictions sur le moral
des soldats ?*

Le budget de la Défense a toujours servi de variable
d'ajustement dans le budget de l'État et les crédits militaires accusent une baisse tendancielle incontestable.
Paradoxalement, j'ai pourtant pu constater, d'opex en
opex, de réelles améliorations apportées à l'équipement
des soldats qui, il y a encore quelques années, était
médiocre par de nombreux aspects. Certes, les militaires
doivent faire des efforts, au même titre que les autres
administrations, mais peut-être pas suivant les mêmes
modalités. Si, faute de crédits, le greffier d'un tribunal
doit acheter lui-même ses crayons pour aller travailler,
c'est que l'État est défaillant. Chacun pourra s'offusquer
qu'il ne lui fournisse pas les moyens nécessaires à l'exé-
cution de son travail. Mais on peut comprendre sans
polémiquer que la situation n'est pas identique pour un
militaire. Si un soldat meurt parce que son casque n'est
pas d'une qualité suffisante, faute de budget, le registre
n'est plus comparable. Pour accomplir leur mission, certains militaires sont obligés de s'offrir des équipements
sur leurs propres deniers[2]. Considérant le sacrifice que
la nation exige de ses soldats, l'armée ne peut être traitée

---

2. Lire le reportage de Fabien Fougère : « Armée : 2 500 euros
pour s'équiper correctement », *in LeMonde.fr*, 27 août 2013.

comme les autres administrations. La mission des armées, comme celle des autres forces de l'ordre travaillant dans des conditions de dangerosité importante, n'est pas identique à celle des autres administrations. Je m'étonne dès lors que l'on sanctuarise un secteur essentiel, mais non régalien, comme l'Éducation nationale, mais que l'on n'agisse pas de même pour les armées, alors que c'est l'avenir sécuritaire de notre pays et la vie de nos soldats qui est en jeu.

Ceux qui établissent les budgets souffrent d'une incompréhension formelle de ce que suppose la mission des militaires. Quand ils « mégotent » à Bercy sur certains crédits, les fonctionnaires en charge de ces questions devraient se confronter à l'image des corps de nos gars rentrant du champ de bataille entre quatre planches. Trop souvent dans les armées, nous avons le sentiment que la logique comptable prime sur le réel. Certes, l'État est quasiment au bord de la faillite et les crédits ne sont pas illimités. Mais la logique ne saurait être qu'économique, car elle est fondamentalement politique. Si l'on veut engager des troupes terrestres sur un théâtre, il est obligatoire de leur fournir tous les moyens nécessaires. Une armée n'est pas rentable. Investir de l'argent dans un outil qui n'obéit pas à la logique de rentabilité est un choix politique, dont l'importance stratégique et sociale n'est pas contestée. Notre « vivre ensemble » est aujourd'hui remis en cause par un certain nombre de menaces, externes et internes, du terrorisme à la guerre économique. La France n'a pas connu de guerre conventionnelle sur son territoire depuis 1945, mais on peut très bien imaginer de nouvelles menaces pesant sur des territoires convoités outre-mer. Qu'adviendra-t-il, au regard des crédits alloués à la Marine, si nous devions subir demain des attaques ciblées sur nos intérêts maritimes, loin de la métropole ?

Le manque de moyens est une des raisons qui expliquent les difficultés que nous avons à fidéliser les jeunes soldats, voire nos sous-officiers et nos officiers. Le rythme des missions ne baisse pas, tandis que les moyens humains et matériels sont restreints, si bien que les hommes finissent parfois découragés. Lorsqu'il rejoint un régiment, le jeune soldat ne se pose guère de questions. Mais dès qu'il a acquis de l'expérience ou qu'il a vécu des combats de haute intensité comme en Afghanistan, son regard change. Si on lui explique qu'il n'est autorisé à tirer que vingt cartouches par mois à l'entraînement, l'incompréhension la plus totale peut le saisir. Certains signeront un nouveau contrat parce que le pays est en crise et le taux de chômage élevé, mais le moral demeurera affecté. À force de rogner sur les crédits, ne risque-t-on pas de générer une armée découragée, persuadée d'être la mal-aimée du pays ?

Tous ces jeunes gens issus de la vie civile, ces sous-officiers, ces officiers, risquent leurs peaux. Dans la préparation du sacrifice ultime qui peut leur être demandé au nom d'un intérêt supérieur, ils acceptent une multitude d'autres sacrifices au quotidien. Un militaire n'est jamais en vacances, il bénéficie d'une permission qui peut être annulée du jour au lendemain par une simple décision du commandement. Sa vie de famille subit l'impact de son engagement. Quand il part en opex, le militaire quitte sa famille pendant quatre ou six mois, une durée considérable quand on est père ou mère de famille. Combien de militaires sont en opération quand leurs femmes ou leurs copines accouchent ! Notre pays réalise-t-il tous les sacrifices que ces militaires consentent volontairement au service de leurs concitoyens ?

En tant qu'aumônier, je risque moins ma peau que ces soldats. Je ne suis pas un combattant, je ne monte pas en première ligne, je ne démine pas, je ne pars pas à l'assaut. Je peux donc témoigner plus facilement qu'eux de la grandeur d'âme que cela exige. La plupart des militaires, ne le diront jamais. L'engagement militaire n'est pas qu'une équation comptable. On ne pourra jamais trop payer la mort d'un homme car la vie d'un homme n'a pas de prix. Tout militaire n'est pas destiné à mourir au champ d'honneur, mais c'est un risque qui n'est pas exclu, qui est accepté et qui est vécu avec pudeur. Une grande nation civilisée se doit de traiter ses militaires de manière honorable et respectueuse.

Entre les sacrifices qui sont demandés à ces hommes et le peu de reconnaissance qu'ils en obtiennent en retour, le déclassement des armées au sein de la nation est ressenti de manière cruelle. Certains de nos jeunes soldats, à peine rentrés d'opex, sont résolus à quitter l'armée dès l'échéance de leur contrat. Risquer sa peau et vivre la peur au ventre jour après jour, connaître parfois de lourdes difficultés conjugales en conséquence : le prix à payer semble trop cher si la nation se montre indifférente. Ce dégoût développe paradoxalement une dimension positive car il renforce la cohésion entre les hommes. Pourquoi suis-je accepté chez les paras ? Parce que je connais moi aussi le prix à payer par mes séjours au Kosovo, en Afghanistan, en Côte d'Ivoire, au Liban, au Mali, ou au Tchad. Avec qui un grand chirurgien peut-il parler des opérations ultra délicates qu'il réalise, si ce n'est aux rares homologues capables de comprendre toute la technicité du geste accompli ? Il en va de même pour le militaire qui ne peut partager certains sentiments qu'avec ses semblables.

Les militaires ont besoin d'une forme de reconnaissance. Ils doivent savoir que leur action n'est pas vaine, que les sacrifices de leurs camarades ne sont pas inutiles. Mais l'évolution globale de notre société l'amène à ne pas reconnaître ces héros parce qu'elle en a choisi d'autres. On devient plus facilement un héros en tapant dans un ballon pour des dizaines de millions d'euros par an, qu'en tombant pour son pays au fin fond de l'Afghanistan pour une solde réduite. Il y a là un désordre[3]. Les médailles, certes utiles, ne sont pas suffisantes pour les estomper.

La mort est devenue le tabou ultime en Occident. On la fuit, on la cache. Pourtant, ces jeunes soldats acceptent de la recevoir et de la donner. Peut-on former un homme à cela ?

Lors de mon premier séjour en Côte d'Ivoire en 2002, une section est rentrée un matin bouleversée après avoir été engagée sur une opération mal préparée et sans doute peu légitime. Les hommes s'étaient retrouvés de nuit dans une zone où ils n'auraient pas dû être. Ils y ont découvert des rebelles, qui eux non plus n'auraient pas dû être là. La situation était tout sauf claire. Forts de leur entraîne-

---

3. Voir à ce sujet l'homélie de l'abbé Christian Venard pour les morts d'Afghanistan (Annexe 1).

ment, disposant d'un équipement nocturne perfectionné, les hommes ont tiré sur des gars qui prenaient la fuite. Il n'y a pas eu d'accrochage véritable. Les rebelles ont fui dès qu'ils ont vu la patrouille française, mais le lieutenant a commandé l'ouverture du feu pour des raisons que je n'ai pas à juger.

Le lendemain, un caporal-chef que j'avais préparé au mariage, me fait part de son malaise et me rapporte les événements de la nuit. Il est assailli de questions car il ne sait pas si les hommes sur lesquels il a tiré – peut-être mariés et pères de famille comme lui – étaient morts ou non. Son malaise me rassure. Il prouve bien que ce soldat est un être humain et non une machine à tuer. La vocation d'un militaire n'est pas de tuer. Si tel est son objectif de vie, sa place est à l'hôpital psychiatrique. Le premier objectif d'un soldat est de remplir la mission que le pays lui a confiée. Parce qu'il est militaire, l'accomplissement de cette mission peut passer par la nécessité de tuer. En contrepartie de ce pouvoir, le soldat prend des risques et accepte de perdre sa propre vie. Cette dimension pose incidemment une question éthique relative aux drones et autres missiles de croisière, pilotés à distance et capables de transporter des charges explosives, d'attaquer des positions ou d'éliminer des individus désignés sans prise de risque aucune.

J'invite ce caporal-chef à dépasser ce sentiment de malaise, son devoir et son honneur étant désormais de répondre à deux questions concrètes. A-t-il ouvert le feu sur ordre ? Le cas échéant, la personne qui a donné cet ordre était-elle dans son droit ? Dans la double affirmative, il peut considérer qu'il a rempli sa mission de soldat français dans un cadre légitime. Cette certitude ne fera pas disparaître ses interrogations propres à la condition militaire. Sur ordre, dans le cadre d'une mission légitime confiée par son pays, un soldat peut être amené à faire cet acte tabou et terrible : ôter la vie. Cette dimension du métier de soldat interroge nécessairement. Pour les chrétiens, elle résonne d'une manière particulière au regard du commandement fondateur : « Tu ne tueras point[4]. » Ce caporal-chef m'ayant mis la puce à l'oreille, je vais voir le lieutenant qui accuse aussi le coup. Il est officier. C'est lui qui a commandé l'ouverture du feu. Surgissent à nouveau plusieurs questions. L'ordre qu'il avait reçu de patrouiller dans ce secteur était-il légitime ou non ? S'il estimait que cet ordre n'était pas légitime, pourquoi n'a-t-il pas dit à son capitaine qu'il ne remplirait pas cette mission étrangère au cadre de l'intervention ? Mais si cet ordre était légitime, l'ouverture du feu qu'il a ordonnée était-elle légitime ou non ?

Ces interrogations permettent de comprendre l'importance de la formation, non seulement technique mais aussi éthique. Le militaire ne peut être un simple technicien. Il doit aussi pouvoir mobiliser tout son être et toute son intelligence pour mener ce type de questionnement. Personne ne pourra répondre à ces questions à sa place. Dans des circonstances extrêmes, il pourra bien comparaître devant des juges, mais ceux-ci n'auront pas été à sa place à l'instant précis où il a crié « Feu ! » Lui-même n'aura sans doute pas de réponse définitive, cette incertitude étant constitutive de ce qu'on appelle la solitude du

---

4. Ex 20, 13.

chef. Ce n'est pas au cœur de la crise que l'on développe des réponses, on ne se prépare pas à la crise dans la crise. D'où l'impérieuse nécessité de se former et d'apprendre à prendre des risques. Le soldat ne peut partir à l'aveuglette. Comme le pilote de F1 qui s'est entraîné, qui connaît sa voiture, le militaire doit être préparé, car sa vie est en jeu ainsi que celles de ses hommes... et de ses ennemis. Car c'est l'honneur du soldat que de respecter son ennemi même s'il n'est guère aimable, et de le combattre de manière efficace et proportionnée.

Après l'action, le chef peut considérer qu'il a mal agi. Sans être la pire des crapules, il réalise qu'au moment de l'action, pour des raisons variées – perte de sang-froid, défaut d'analyse, manque de lucidité – il a donné le mauvais ordre. Il lui reviendra de déterminer alors ce qui est réparable ou non, et de confier cela à la miséricorde de Dieu dans le cadre de la confession s'il est catholique. Croyant ou non, le chef devra porter ses doutes comme un fardeau, ce qui fait aussi partie de la grandeur du militaire. Par définition, la guerre est laide, injuste, inhumaine... ou trop humaine. Appliquer dans les convulsions de la guerre les règles qui prévalent dans la quiétude de la paix serait absurde.

Ce rapport à la mort et à la violence ne déclenche-t-il pas chez les soldats des mécanismes compensateurs marqués : alcool, drogue, sexe, bagarres...

Dans des unités hautement opérationnelles comme les paras, on rencontre peu de problèmes de drogue. L'alcool pose parfois problème, mais c'est un phénomène récurrent dans les armées, comme partout. Quand les cadres se tiennent et savent tenir leurs troupes, ces problèmes sont efficacement traités. Tout ce qui tourne autour du sexe pose en revanche d'énormes difficultés et la pornographie est très présente dans les armées. Un grand classique, pour les aumôniers, est d'arriver sur une position et de se voir offrir une revue porno par un sous-officier un peu ancien : « Tenez, Padre, c'est de la lecture pour vous ! » Chacun réagit comme il peut. Pour ma part, je ne refuse jamais la revue. Je la prends, je fais semblant de la feuilleter – en essayant d'en regarder le moins possible – et je joue la carte de l'humour en lui expliquant qu'il a sans doute passé l'âge de s'intéresser à ce genre de littérature. Ces épisodes ne prêtent pourtant guère à sourire. J'ai découvert dans mon ministère – cela m'a particulièrement frappé au Kosovo – la pauvreté morale de nombreux milieux, en particulier de ces milieux peu favorisés dont est issue une bonne partie des militaires du rang et parfois de nos sous-officiers.

Je me souviens d'une longue conversation sur la pornographie avec les hommes. Chacun avance des arguments. Eux pour m'expliquer tout le bien qu'ils en pensent et moi pour leur dire que je n'y trouve rien d'exaltant. Pas uniquement pour des raisons morales, quoiqu'elles existent, mais aussi pour des raisons opérationnelles. À court d'arguments, je leur demande enfin ce qu'ils ressentiraient si, en rentrant chez eux, ils découvraient leurs épouses ou leurs copines plongées dans la lecture d'une telle revue. « Mais ce sont elles qui nous les envoient ! », me répondent-ils aussitôt. Jamais je n'avais imaginé, dans mon petit esprit de curé, que nous en étions arrivés à une telle dégradation des mœurs. Que des épouses, des copines, des fiancées, puissent envoyer des revues pornos à leurs hommes ! Je suis resté coi et j'ai oublié comment la conversation s'est achevée. Après coup, en essayant de comprendre et en interrogeant certains de mes anciens, on m'a expliqué que les femmes pensent qu'elles s'assurent ainsi la fidélité des hommes, alors qu'elles ne font qu'attiser le brasier qui les habite et le désir d'aller voir ailleurs. Les études scientifiques, médicales, psychologiques et psychiatriques, montrent en effet que la pornographie est toujours une incitation au passage à l'acte. À la différence de certains confrères, je n'ai pas souvenir d'avoir souffert de cette exposition à la pornographie. Heureusement, ces difficultés sont compensées par la richesse des relations humaines et par l'immense joie d'agir là où Dieu veut que l'on soit. Cette source de réconfort incomparable aide à avaler beaucoup de couleuvres.

Les soldats français sont le miroir de la jeunesse et de la société du pays disiez-vous. Ce constat est-il valable quand ils ne sont pas occupés par leurs activités militaires. Que font-ils de leurs loisirs ?

Comme tous les jeunes de leur âge, les militaires jouent aux jeux vidéo, échangent sur les réseaux sociaux ou communiquent sur Skype. Les soirs de week-end, ils vont en boîte, ils aiment faire la fête. Ils tirent parfois sur le « chichon[5] » et nous les punissons, car cela n'est pas compatible avec les activités militaires et le port de

---

5. Cannabis.

l'arme. Ce que m'inspire cette apparence banale, c'est de l'espérance. Rien n'est perdu avec cette génération. La « petite flamme française » qui brûle chez des jeunes issus de l'immigration, arrivés chez les paras parfois par hasard, me touche particulièrement. Le 19 juillet 2011, lors de son hommage aux Invalides devant les cercueils de sept de nos camarades qui venaient d'être tués en Afghanistan[6], Nicolas Sarkozy avait prononcé ces paroles : « Notre armée est le creuset de notre nation. » C'est parfaitement vrai, depuis toujours, et c'est peut-être pour cela que l'armée suscite parfois tant d'hostilité chez ceux qui jugent dépassée l'idée de nation. L'armée est un lieu de réconciliation autour des grands idéaux qui ont forgé la nation française. Ce fut ainsi le génie de Napoléon Bonaparte que de faire enrôler à Saint-Cyr de jeunes nobles, issus de familles guillotinées en masse quelques années auparavant, et de les intégrer dans l'armée. S'il existe, selon de Gaulle, « une certaine idée de la France[7] », l'armée en est sans doute le vecteur privilégié.

---

6. Cf. *supra*, p. 131.
7. Charles de Gaulle, *Mémoires de guerre, Tome 1*, Plon, 1954.

Chapitre 11

COËTQUIDAN, LA PÉPINIÈRE DE L'ARMÉE

Saint-Cyr. La simple évocation de ce nom traduit les hauts faits de l'armée française, et plus particulièrement des cadres qui y sont formés. Pétries par deux siècles de traditions, les écoles militaires – aujourd'hui établies dans la lande bretonne de Coëtquidan – continuent d'attirer chaque année des dizaines de jeunes gens et de jeunes femmes désireux de servir le drapeau. En assurer l'aumônerie permet d'y acquérir un regard d'une grande richesse sur ces élèves officiers qui ont choisi un engagement que d'aucuns jugeront anachronique. Ce fut le cas de l'abbé Christian Venard.

***

En 2007, après neuf années en unité et de multiples opex, vous êtes affecté aux écoles militaires de Saint-Cyr Coëtquidan. Quitter un environnement très opérationnel fut-il un renoncement ou un soulagement ?

Le poste d'aumônier des écoles militaires m'avait déjà été proposé en 2006 et j'avais alors décliné cette offre. Cela ne faisait que huit ans que je servais à la brigade parachutiste et je souhaitais y accomplir une neuvième année pour mener à terme un ou deux projets. J'avais donc demandé au vicaire général du diocèse, le père Dominique Arz[1] de surseoir à ce projet et d'attendre un an. L'année suivante, il revient donc à la charge ainsi que l'évêque aux armées, qui était alors Mgr Patrick Le Gal[2]. Ce dernier me téléphone longuement. Le poste de Coëtquidan est un poste sensible et il souhaite m'en parler avant cette nomination. Je sers alors au Liban en ce mois de mars 2007, dans le cadre d'un second mandat auprès du 501-503e RCC[3]. Les conditions sont assez pénibles. Il fait froid, les troupes françaises sont installées sous tente, des trombes d'eau s'abattent, la boue nous envahit. Nous avions disposé des palettes au sol pour pouvoir circuler. Je me revois sautant de l'une à l'autre pendant cet échange téléphonique avec l'évêque, à la fin duquel nous prenons acte de cette nouvelle affectation fixée à la rentrée suivante.

Je quitte donc la brigade parachutiste et j'arrive à Coëtquidan en septembre 2007. Plusieurs écoles militaires y sont réunies. L'ESM[4] est la plus prestigieuse. Fondée par l'empereur Napoléon Ier, elle fut longtemps installée à Saint-Cyr-l'École, non loin de Versailles, et elle

---

1. Aujourd'hui aumônier national de la Gendarmerie nationale.
2. Mgr Patrick Le Gal, né en 1953, a succédé à Mgr Michel Dubost en 2000. Il est actuellement évêque auxiliaire de Lyon.
3. Régiment de chars de combat.
4. École spéciale militaire.

a « importé » son nom ancien à Coëtquidan. L'EMIA[5] qui forme les anciens sous-officiers, et l'EMCTA[6] qui forme les cadres administratifs des armées sont les deux autres écoles installées sur le site de Coëtquidan. Pendant longtemps, l'aumônerie a été assurée par deux prêtres, un pour les élèves et un pour les familles, puis un de mes prédécesseurs a estimé qu'un seul aumônier suffisait. Je suis donc chargé d'assurer l'aumônerie des écoles qui disposent d'une chapelle spécifique pour les élèves, la chapelle Saint-Paul, érigée au cœur même du site. Parallèlement, je dois chapeauter l'aumônerie des familles, érigée canoniquement en paroisse – la paroisse Charles-de-Foucauld – qui possède aussi un lieu de culte particulier – la chapelle Jeanne-d'Arc – situé à l'extérieur du camp militaire[7].

Cette nouvelle affectation me rend très heureux pour plusieurs raisons. Au risque de paraître prétentieux, j'avais l'impression d'avoir « fait le tour » et de bien connaître le monde parachutiste après mon second séjour en Côte d'Ivoire. Chaque année depuis 1999, j'étais parti en opération extérieure et une certaine fatigue s'était installée. Dès lors, en écartant toute perspective de départ en opex pour quelque temps, la stabilité du poste d'aumônier à Coëtquidan me convient bien. Je suis par ailleurs intéressé par l'expérience paroissiale que je ne connais pas, la paroisse Charles-de-Foucauld étant certes atypique de

---

5. École militaire interarmes.

6. École militaire du corps technique et administratif.

7. Actuellement, l'aumônerie est de nouveau assurée par deux prêtres.

par son statut et sa fréquentation. En outre, la dimension plus intellectuelle de ce poste m'attire après plusieurs années passées dans un milieu assez fruste, parfois volontairement. À Coëtquidan, j'ai affaire à des écoles post-bac ou post-prépa, dont l'ESM considérée comme l'une des grandes écoles française. Tout cela ne me déplaît pas. Enfin, étant d'une famille de saint-cyriens, je suis heureux de rejoindre ce milieu que je connais et d'y apporter ma propre expérience opérationnelle.

A priori, mon profil est bien adapté pour ce poste. C'est aussi l'avis du vicaire général et de l'évêque qui m'avaient sollicité. Je dispose d'une bonne crédibilité auprès des élèves et des cadres grâce à neuf belles années opérationnelles, à ma bonne connaissance du milieu des officiers saint-cyriens et à mon passé universitaire. Le climat breton est le seul élément qui m'effraie un peu… Je pars confiant, heureux de pouvoir côtoyer ce milieu spécifique et d'apporter ma petite pierre à la formation de l'élite des futurs officiers.

Dans cet univers radicalement différent, privilégié par certains aspects, quelles sont les tâches principales qui incombent à l'aumônier militaire ?

Plusieurs particularités sautent aux yeux lorsqu'on compare l'environnement de Coëtquidan à celui des régiments. Pour un aumônier, la première de ces spécificités n'est pas des moindres. Le taux de pratique religieuse y est en effet beaucoup plus élevé que la moyenne nationale ou celle des armées. Traditionnellement, depuis la création de l'école, de nombreuses familles catholiques sont un vivier de cadres militaires. Une promotion de Saint-Cyr compte alors environ 50 % de catholiques pratiquants, ce qui est énorme par rapport à la moyenne nationale située à moins de 3 %. L'aspect cultuel de la pastorale – messe quotidienne, confessions, préparation aux sacrements – est démultiplié par rapport à mes expériences antérieures. Je découvre aussi la vie paroissiale que je connaissais peu. Lors de ma première année passée à Coëtquidan, quatre-vingts enfants sont inscrits au catéchisme. Je dois trouver des « dames catéchistes », nommer une responsable, vérifier que les programmes sont suivis, assurer les confessions, préparer les enfants aux sacrements. Autant dire que cela me change des paras.

Au-delà de toutes ces nouveautés, je veille à ce que mon action se rapproche beaucoup du rôle de l'aumônier de corps de troupe[8] car c'est le milieu dans lequel évolueront ces élèves après avoir quitté Saint-Cyr. L'objectif d'un jeune qui entre à l'ESM ou à l'EMIA est d'aller ou de retourner en régiment. Dès lors, l'aumônerie des écoles de Coëtquidan doit être la plus proche possible de ce que ces jeunes élèves officiers connaîtront ultérieurement. En particulier, dans leurs contacts avec les aumôniers, catholiques ou non. C'est pour cela que je m'attache – au-delà de la dimension paroissiale et de la forte demande cultuelle – à développer une présence gratuite au cours des activités propres aux élèves. Ne faisant plus de parachutisme, je me lance ainsi dans l'équitation.

---

8. Unité militaire autonome administrativement (régiment, bataillon), commandée par un officier supérieur (commandant, lieutenant-colonel ou colonel).

Je le vis comme une forme de défi et je deviens passionné par cette discipline, lieu de rencontre formidable avec les élèves, car l'équitation dit beaucoup de la personnalité de chacun. Dans le même ordre d'idée, je m'attache à déjeuner tous les jours au milieu des élèves et à passer du temps avec eux.

Hors de la sphère militaire, la vision de Coëtquidan est souvent empreinte d'approximations, la première étant d'ignorer souvent l'implantation sur place de l'EMIA et de l'EMCTA. Les clichés ne sont pas absents non plus. Quelle est la sociologie des élèves des écoles de Coëtquidan ?

Comme on trouve souvent des fils de médecins sur les bancs des facultés de médecine, ou des enfants de magistrats ou d'énarques occupant les mêmes fonctions, il existe aussi des mécaniques de transmission à Saint-Cyr. Des familles françaises ont l'habitude de fournir des cadres militaires à toutes les générations. Cela n'a rien de choquant. Mais il ne faudrait pas tomber dans la caricature. À Saint-Cyr, nous rencontrons des profils venus de tous les milieux, surtout si l'on tient compte de l'EMIA dont les élèves proviennent du monde des sous-officiers. Le métier auquel forme Saint-Cyr suppose des profils très spécifiques. Présenter le concours de Saint-Cyr ou présenter le concours d'HEC ne relève pas d'une même démarche. Les candidats à Saint-Cyr, dont beaucoup sortent des lycées militaires, sont animés du désir de servir le pays dans un cadre militaire. En épousant la carrière militaire, aucun de ces jeunes n'est destiné à faire fortune. Cette forme de vocation correspond à un certain sens de l'idéal, pas si fréquent si on le compare à celui de leurs camarades de la même classe d'âge.

Du point de vue religieux, pour une partie des élèves croyants, ce recrutement induit souvent une forme de catholicisme assez typé, très classique, pour ne pas dire traditionaliste. Attention cependant aux caricatures ! Réduire les élèves catholiques de Saint-Cyr à des « tradis » serait un cliché erroné. De ce que j'ai pu constater dans les trois promotions que j'ai suivies, la proportion d'élèves traditionalistes n'est pas plus importante que celle qui se rattache, par exemple, à des mouvements charismatiques. Un de mes soucis pastoraux est donc de les accueillir tous et de les aider à grandir spirituellement et humainement. Enfin, parmi les élèves, certains ne sont pas catholiques, voire assez hostiles à toutes formes de religion et au catholicisme en particulier. Le paysage religieux est donc loin d'être uniforme.

Quand il porte son « Grand U[9] », avec casoar[10] et gants blancs, le jeune saint-cyrien vit souvent un rêve nourri depuis l'enfance. Percevez-vous un décalage entre ce rêve et la réalité des armées à laquelle ces jeunes seront concrètement confrontés plus tard ?

À Coëtquidan comme au séminaire, l'impétrant est appelé à connaître un décalage entre son idéal et ce qu'il va vivre au quotidien. Dès lors, le rôle du pédagogue

---

9. Grand uniforme, dans le jargon des élèves de l'ESM.

10. Plumet ornant le shako (coiffure militaire) des élèves de l'ESM.

– que ce soit le professeur d'histoire militaire, l'instructeur ou l'aumônier, chacun à sa place – est de les amener à anticiper la réalité qui sera leur lot, sans jamais détruire leur idéal. À cet égard, je regrette infiniment – et je ne suis pas le seul – que le stage en corps de troupe des élèves de l'ESM soit réduit à sa plus simple expression, à savoir trois semaines. Moins que ce qu'accomplissent les polytechniciens qui, pour l'immense majorité d'entre eux, ne remettront plus jamais les pieds dans les armées. Beaucoup d'élèves de l'ESM – un peu moins que ceux de l'EMIA qui ont déjà une connaissance du corps de troupe – viennent me poser des questions sur la vie en régiment ou en opex, car ils ne la connaissent pas. Je suis très touché de recevoir un certain nombre d'entre eux venus demander mon avis avant leur choix d'arme[11].

Ceux qui œuvrent à la formation de nos jeunes officiers essaient de le faire le mieux possible, d'autant plus que la plupart sont issus de cette école à laquelle ils restent très attachés. Toutefois, la volonté absolue – louable à l'origine – de faire de l'ESM une grande école sur le modèle des autres, a produit un tiraillement important entre trois tendances : les aspirations du jeune saint-cyrien, les aspirations de ses « grands aînés » qui veulent le former dans une logique de grande école, et les aspirations du corps de troupe, qui recherche des chefs de section opérationnels. Ces trois aspirations ne convergent pas. Le curseur

---

11. À la fin de la dernière année à l'ESM, les élèves officiers disent quelle arme ils souhaitent rejoindre : infanterie, cavalerie, génie, transmissions, train, ALAT, artillerie, matériel. Leurs vœux sont satisfaits en fonction de leur rang de sortie.

revient aujourd'hui vers le corps de troupe, mais l'ESM a longtemps formé les saint-cyriens – mon propos se veut volontairement caricatural – comme s'ils étaient tous appelés à devenir chef d'état-major des armées. Quand j'étais en régiment, je voyais nous rejoindre de jeunes saint-cyriens détenant un excellent savoir-faire, mais privés de tout savoir-être, ceux-là même qui seront vite déçus par la dimension concrète de l'armée. Si, pendant trois ans, on leur a « bourré la cervelle » en les assurant qu'ils prendront un jour de grandes décisions pour les armées, et si du jour au lendemain ils sont amenés à crapahuter au fond des bois avec trente gars assez frustes, un fort décalage apparaît, source d'une grande frustration.

Pendant mon ministère à Coëtquidan, je rappelle régulièrement aux élèves que trois qualités principales sont attendues d'eux. Les deux premières – des savoirs techniques et de bonnes conditions physiques – s'acquièrent en école si l'on se donne la peine de jouer le jeu. La troisième est la seule que l'on ne peut pas leur enseigner. Il s'agit d'aimer les hommes qui seront placés sous leur commandement. L'art du commandement, c'est l'art d'aimer les hommes[12]. Certains sont faits pour et

12. Cf. Joseph Tézenas du Montcel : « Je sais ce qu'il leur faut, parce que je sais trop bien ce qui leur manque pour être, le jour venu, en pleine possession de leurs moyens. Il leur faut de l'affection, une affection [...], attentive et qui épanouisse leur confiance en eux et satisfasse leur désir d'aimer qui les commande. C'est là le grand ressort. Il n'en est pas qui vaille celui-là. La discipline, c'est un mot, ou si l'on veut un mastic qui fond au feu, comme de la cire au soleil ; le devoir c'est quelque chose mais qui a des bornes que chacun lui fixe à son gré. Seul le cœur ne connaît pas de limite à ses forces, seul il

d'autres non, quelles que soient les études qu'ils auront suivies. Cette dimension est sans doute l'une des plus difficiles à acquérir pendant la formation du jeune officier. Un parallèle avec l'Église peut encore être établi. Le prêtre peut tout apprendre sur Dieu et l'Église, suivre les cours de théologie les plus pointus, mais il ne pourra pas apprendre à aimer ses paroissiens dans des livres ou des amphithéâtres.

Saint-Cyr est pétri par les traditions, les rites, et même un vocabulaire aussi imagé qu'hermétique pour le profane. Constitutifs de l'école, ne risquent-t-il pas d'entretenir le fossé qui peut séparer les élèves des réalités du quotidien et des évolutions de la société ?

Loin des clichés, ces traditions évoluent par elles-mêmes. Tous les saint-cyriens que j'ai connus, à commencer par mon père et mon frère, puis tous les jeunes que j'ai accompagnés à Coëtquidan comme aumônier, ont connu des traditions différentes. Certaines sont restées intactes depuis la création de l'école par Napoléon Ier. De nouvelles ont été créées, d'autres ont disparu, d'autres enfin ont évolué. Affirmer que les traditions de l'ESM sont figées ne correspond pas à la réalité. Considérer les traditions comme un absolu n'est pas une bonne chose. Un élève officier ne peut vivre que pour les traditions, ce qui advient parfois, en particulier pour ceux qui sont passés par des lycées militaires en pleine adolescence. Mais soyons indulgents.

---

leur donnera le courage qu'il leur faudra » dans *L'heure H – Étapes d'infanterie – 1914-1918*, Économica, 2007.

Dans une société où l'on est adolescent jusqu'à trente ans, qu'on leur permette à vingt ans d'avoir quelques restes d'adolescence, y compris intellectuellement ! Il convient cependant de veiller à rééquilibrer les choses.

Vouloir toiletter les traditions de Saint-Cyr en considérant qu'il s'agit de l'héritage d'un passé qui n'a plus rien à voir avec les enjeux du présent peut s'avérer justifié dans certains cas. Elles demeurent cependant une pièce essentielle du moteur de Saint-Cyr. Fidèle à l'inspiration de Napoléon, Saint-Cyr se veut la locomotive de l'ensemble de l'armée de terre. Or, si on brise la dynamique de la locomotive, le train sera toujours là mais n'avancera plus. Le rôle dévolu aux officiers saint-cyriens n'est pas de faire les plus belles carrières et de profiter à fond du système – ce qui peut être l'ambition de certains – mais d'être des éléments structurels de « l'âme » de l'armée de terre. Il faut continuer à insuffler un surcroît d'âme dans cette armée qui en aura toujours besoin. Si l'armée française se distingue parfois des autres armées étrangères sur les théâtres extérieurs, c'est aussi grâce à ce surcroît d'âme, transmis pour partie par les officiers qui, lorsqu'ils sortent de Saint-Cyr, l'ont hérité des traditions. Quand l'officier raconte à son « bazar[13] » l'histoire de son école et les hauts faits des dix mille saint-cyriens tombés au champ d'honneur plusieurs soirs d'affilée, je crois que ce qui se transmet, c'est – pour reprendre encore le mot de De Gaulle – « une certaine idée de la France » et une certaine idée du « rôle social de l'officier », dont parlait Lyautey[14].

---

13. Élève de première année à l'ESM.
14. Hubert Lyautey, *Le Rôle social de l'officier*, Bartillat, réed. 2003.

L'aumônier catholique intervient dans cette transmission des traditions. Il lui revient d'évoquer le plus célèbre des aumôniers de Saint-Cyr, le père Lanusse, resté plus de trente ans à son poste[15]. Cette évocation se déroule de nuit, devant sa statue, à la lumière des torches, et fait l'objet d'une grande théâtralisation. Au travers de ce récit, les élèves précisent leur vision du rôle des aumôniers dans l'armée de la République. Mais en filigrane, une autre signification de leur idéal leur est présentée. Pour remplir cet idéal, nul besoin d'être catholique même si les traditions de Saint-Cyr, forgées par Napoléon – qui n'était pourtant pas un grand catholique devant l'Éternel – sont très proches de l'idéal chrétien. Être catholique impose de les respecter plus encore. C'est le message que j'essaie de faire passer aux élèves catholiques. Si être un officier catholique n'est qu'un statut, valorisant dans la bonne société, alors ce n'est rien. S'ils veulent être vraiment catholiques, ils ont le devoir de servir cet idéal de toute leur âme. Tel est l'objet des traditions : transmettre au jeune officier l'idéal de servir avec droiture, courage et panache.

Parallèlement à cet idéal, l'univers militaire peut se révéler d'une grande âpreté. Votre parcours à Coëtquidan se dérou-

---

15. Jean Lanusse (1818-1905) est ordonné prêtre en 1844. Aumônier, il participe aux principales campagnes menées par Napoléon III en Italie, au Mexique (il est présent à la bataille de Camerone) ainsi qu'aux combats de la guerre de 1870, y compris la bataille de Sedan. Il est affecté à Saint-Cyr en 1871 où il demeurera jusqu'en 1905.

lera et s'achèvera dans des conditions difficiles. Quelles furent les difficultés que vous y avez rencontrées ?

J'étais arrivé aux Écoles animé par l'intention de servir au mieux l'Église et l'institution militaire. Le pape Benoît XVI, par un *motu proprio*[16], cherchait alors à réconcilier les traditionnalistes, attachés à la messe en latin, avec les autres branches de l'Église. Sachant qu'un certain nombre d'élèves officiers et de cadres de l'ESM font partie de cette mouvance dite « traditionnaliste », et que le pape demande cette ouverture, je souhaite inscrire mon action pastorale dans l'esprit de ce *motu proprio*. D'autant plus que cette démarche peut avoir un impact concret sur la cohésion du corps des élèves officiers concernés et de leurs cadres. On n'aide jamais les gens à grandir quand on les met de côté. Je veux donc profiter de ce *motu proprio* pour qu'en vivant leur foi dans le cadre de l'aumônerie, les « traditionnalistes » puissent se sentir mieux accueillis. Auparavant, ces mêmes fidèles fréquentaient des lieux de culte externes à l'aumônerie, plus conformes à leurs aspirations liturgiques. Il s'agit dans mon esprit de servir aussi l'institution militaire. En facilitant l'intégration de ces personnes, on leur évite d'adopter des tournures d'esprit que l'on connaît un peu trop dans cette mouvance : le sectarisme et la division. Mais ma vision se heurte d'emblée à celle du général commandant les Écoles. Cette incompréhension

---

16. Le *motu proprio* (acte législatif pris et promulgué par le pape sous forme de lettre apostolique) *Summorum Pontificum* facilite la célébration de la messe dans la forme extraordinaire du rite romain qui était en usage avant le concile Vatican II.

formelle devient rapidement la source d'une opposition assez farouche entre nous deux.

Sans doute le général exagérait-il la capacité d'influence de l'aumônerie catholique au sein des écoles. L'aumônerie a certes une influence, mais les Écoles forment un tout fort heureusement indépendant d'elle. Le général est catholique et tombe dans le piège où sont tombés beaucoup d'autres officiers catholiques qui pensent avoir de ce fait un droit de regard accru sur l'aumônier. Or l'Église s'est toujours battue becs et ongles pour maintenir son autonomie totale en matière pastorale. Nous n'avons d'ordre à recevoir de personne, si ce n'est de notre propre hiérarchie. Quelques petites querelles intestines que seuls les catholiques sont capables de fomenter viennent en outre envenimer la situation. Finalement, le général demande ma tête. Je ne souhaite pas en dire plus car nous avons tourné la page depuis et j'en suis très heureux. Ce conflit est néanmoins très violent. Il touche heureusement peu les élèves, mais bien plus les cadres qui ne comprennent pas l'opposition acharnée du général à ma volonté pastorale et militaire.

Je quitte donc les Écoles en 2009, au bout de deux ans, alors que j'avais été nommé canoniquement et militairement pour trois ans. Après de difficiles négociations, nous étions pourtant arrivés, le commandement et moi, à une solution intermédiaire que nous avions présentée à l'évêque aux armées. L'idée était que j'accomplisse une troisième année comme prévu puisque le général devait changer. À son successeur de déterminer si ma présence au-delà serait souhaitable. J'avais accepté ce « *deal* », mais l'évêque a refusé cette solution. Se sentir trahi par les siens, par son propre évêque et par ses conseillers les plus proches, fut le plus dur pour moi. Officiellement je ne suis pas puni, mais dans les faits, je suis muté dans des conditions innommables. À Saint-Cyr, la grande fête de fin d'année s'appelle le « Triomphe » et se déroule cette année-là le 26 juillet. C'est une énorme machinerie, y compris pour l'aumônerie qui organise une messe devant plus d'un millier de participants. Mon ordre de mutation est daté du lendemain. Le 27 juillet, je suis censé prendre mon nouveau poste sur une base aérienne de l'est de la France. L'évêque aux armées déclarera m'avoir nommé là car cette affectation me coupe de toutes mes bases, familiales, sociales et militaires. La volonté expresse de punition est manifeste, mais personne n'a le courage de l'exprimer clairement.

Se retrouver publiquement désavoué après avoir voulu se donner à fond et obtenu des résultats est extrêmement douloureux. J'ai eu l'immense plaisir de voir du côté des élèves, mais aussi des cadres, que mon approche correspondait à une attente. Les effectifs de la paroisse ont quasiment doublé en deux ans. Cette réussite pastorale objective s'est donc terminée par un échec humain tout aussi objectif. Dieu nous forme aussi comme cela, mais sur le moment, l'incompréhension est totale. Cette expérience, dans ce qu'elle a eu de terrible et de sombre, m'a fait songer au roman de Jean Montaurier, *Comme à travers le feu*, toujours d'actualité en dépit d'un style un peu désuet[17]. J'ai essayé de conserver le désir de servir. Avec le temps, je me suis aussi rendu compte que cet

---

17. Jean Montaurier, *Comme à travers le feu…*, Gallimard, 1962.

épisode était une grâce, car il m'a permis d'y voir plus clair sur mon attachement à l'armée et à l'Église. Depuis, je reste fidèle à l'institution militaire, mais pas plus que le strict nécessaire.

Au-delà de ces tourments personnels, cette expérience à Coëtquidan m'a rendu admiratif de ces jeunes gens, issus d'une société matérialiste et hédoniste, venus s'engager à Saint-Cyr avec le désir de servir leur patrie et leurs concitoyens. Tous sont marqués par cette société, mais ils demeurent animés par un idéal. Je conserve beaucoup d'amitié parmi eux car ce sont de bons gars. Plein de défauts, mais de bons gars. Ce que je souhaite pour eux, c'est qu'ils ne trahissent jamais l'idéal qui les a amenés à Saint-Cyr.

Chapitre 12

L'ARMÉE COMME
LABORATOIRE DE LA LAÏCITÉ

Les armées françaises seraient-elles le creuset inattendu de la fameuse « laïcité apaisée » ? À l'image de la société contemporaine, elles réunissent des individus issus de tous les milieux sociaux, de toutes les origines géographiques et de les toutes convictions religieuses. L'islam y pose des questions nouvelles tandis que l'Église catholique y est présente depuis près de mille ans. Ces nouveautés et ces traditions nourrissent une réflexion enrichissante sur les relations entre les Églises et l'État.

***

L'armée française n'est pas un organisme hermétiquement séparé de la société française. Elle est travaillée par bon nombre des questions qui l'agitent, comme la présence de l'islam. Comment est-il organisé au sein des armées aujourd'hui ?

L'armée française côtoie l'islam depuis fort longtemps puisque de nombreux pays colonisés étaient musulmans, en particulier sur le continent africain. Dans nos bataillons de Sénégalais, dans nos régiments de tirailleurs algériens ou tunisiens, dans nos tabors[1], les musulmans étaient majoritairement présents. Pour autant, nous connaissons un changement réel aujourd'hui, lié à la professionnalisation des armées et à la fin de la conscription. Depuis les années 2000-2001, les bassins de recrutement des régiments de l'armée de terre sont souvent les banlieues peu favorisées habitées par des personnes issues de l'immigration, dont une partie est d'origine maghrébine et de culture ou de religion islamique. Il ne faudrait pas exagérer toutefois : des régiments entiers ne sont pas soudainement devenus « black-blanc-beur ». Mais nous ne pouvons que nous réjouir que des jeunes issus de l'immigration souhaitent servir leur pays au travers des armées, quand bien même la motivation première serait d'échapper au chômage.

À la faveur de cette nouveauté dans le recrutement des armées, le président Chirac a voulu – effet de mode ou volonté politique – que soit créée une aumônerie musulmane. Ce fut une décision contre laquelle les militaires ont lutté pied à pied. Non par anti-islamisme primaire ou refus de toute évolution, mais pour deux autres raisons principales. La première, que l'on retrouve dans l'ensemble du corps social, est l'essor d'un état d'esprit antireligieux qui ne vise pas spécifiquement l'islam mais toutes les religions dans leur ensemble. La seconde a trait à la nature même de l'islam qui n'établit pas de séparation entre la sphère religieuse et la sphère laïque, ce qui peut

---

1. Bataillons formés de soldats marocains.

induire un porte-à-faux avec les principes fondamentaux de l'armée. De manière réfléchie, certains – y compris des musulmans – se sont donc demandé s'il était vraiment souhaitable de créer une aumônerie musulmane. Je me souviens ainsi du président des EVAT d'un de mes régiments, noir et musulman pratiquant. Ce para disait qu'il ne voulait surtout pas d'une aumônerie musulmane, craignant que cela ne communautarise les soldats musulmans. Quoi qu'il en soit, la création de cette aumônerie a finalement été décidée en 2005, ce qui a entraîné une réforme globale du statut des aumôniers, dont un certain nombre de dispositions laissent apparaître les craintes que suscite cette religion. Nous avons ainsi constaté une « remilitarisation » de l'aumônier, permettant un contrôle plus strict du commandement.

Les aumôneries avaient peut-être eu tendance jusque-là à ronronner, en vertu de vieilles habitudes. L'aumônerie catholique remonte à l'époque de saint Louis, qui voulait placer des religieux auprès des soldats pour qu'ils ne deviennent pas des « âmes perdues ». Les aumôneries protestante et israélite ont également une vieille tradition[2]. Dès lors, l'arrivée du culte musulman en 2005 et l'accueil des nouveaux arrivés au sein du ministère de la Défense, n'ont pas été simples, en particulier pour les musulmans eux-mêmes qui se sont montrés embarrassés. En effet, on ne savait pas sur quels critères recruter les aumôniers musulmans. Il n'existe pas de système de for-

---

2. Pour un rappel sur l'histoire de l'aumônerie militaire, on se reportera aux premiers chapitres de la thèse de Xavier Boniface, *L'aumônerie militaire française (1914-1962)*, Le Cerf, 2001.

mation estampillé et la notion de représentant du culte musulman est floue, puisqu'il n'existe pas de clergé dans l'islam. Certains aumôniers militaires musulmans sont imams, ils ont reçu des diplômes dans des centres de formation, mais aucune règle établie ne peut être invoquée. Dans les discussions qui ont alors été engagées, il fut même question que ce soit l'évêque aux armées qui nomme les aumôniers musulmans, car les différentes sensibilités de l'islam présentes en France – dont des courants nationalistes, algérien ou marocain – ne parvenaient pas à trouver de compromis !

L'arrivée de l'islam fut un défi pour l'institution militaire. Le judaïsme, le protestantisme et *a fortiori* le catholicisme sont de vieilles religions, bien connues en Europe. Il n'en va pas de même pour l'islam, encore méconnu en dépit d'acquis anciens qui remontent en particulier à l'édification de la mosquée de Paris[3]. Nous habitons un pays dont les plus intimes fibres ont été tissées par vingt siècles de christianisme. L'islam représente aujourd'hui 6 % de la population française. C'est l'athéisme qui constitue la deuxième « religion » de France puisque près d'un Français sur trois affirme ne se rattacher à aucune religion[4].

---

3. La Grande Mosquée de Paris fut inaugurée en juillet 1926. Elle se voulait un signe de reconnaissance de la République envers les dizaines de milliers de musulmans tués pendant la guerre de 1914-1918.

4. Selon une note d'analyse de l'institut CSA, au premier semestre 2012, 56 % des Français se déclaraient catholiques, 6 % musulmans et 32 % « sans religion » (« Le catholicisme en France », mars 2013).

Du fait de cette méconnaissance et de leur existence récente, les aumôniers musulmans au sein des armées sont parfois en recherche de légitimité, ce qui peut être la source de désaccords marginaux. Certains se parent de titres infondés ou avancent un hypothétique statut d'« officier chargé du culte », alors que, dans la tradition militaire française, les aumôniers sont des hommes du culte, servant auprès des militaires. Les aumôniers musulmans sont en train d'écrire leur histoire. Les aumôniers catholiques ont quasiment dix siècles d'histoire derrière eux. Il serait trop facile de juger si rapidement.

Pour être franc, je faisais partie des gens qui étaient plutôt opposés à l'arrivée d'une aumônerie musulmane. Par honnêteté et par fidélité, car je suis lié à l'institution militaire, j'ai appliqué cette décision et je ne me suis plus posé plus de question. Avec la même tranquillité, je peux affirmer que cela ne me pose au final aucun problème alors que cela en pose beaucoup plus au commandement. L'existence d'une aumônerie musulmane est un fait. Je m'en félicite parce qu'elle permet à des croyants d'exprimer leur foi et de la vivre. Ce droit est fondamental et il est bon qu'il soit reconnu à un certain nombre de mes frères d'armes musulmans. L'arrivée de ce quatrième culte, malgré les difficultés rencontrées, permet d'asseoir le droit de tout être humain, fut-il militaire, à pratiquer la religion de son choix.

Beaucoup de non-dits entourent la présence de l'islam dans les armées. À mots couverts, on s'interroge parfois sur la capacité des soldats musulmans à combattre des coreligion-

215

naires. Comment se positionnent les soldats musulmans face à un ennemi qui se réclame de l'islam, en Afghanistan ou au Mali ?

Au cours des cinquante dernières années, la France n'a jamais été en guerre contre une religion. Quand la France part combattre au Mali, en Afghanistan ou dans tout autre pays où une partie des belligérants lutte au nom de leur foi islamique, elle ne part pas en guerre contre l'islam. Elle aide un pays souverain à combattre des terroristes sur son territoire. C'est pour cela, par exemple, que les armées maliennes nous précédaient systématiquement dans les opérations entreprises contre les éléments d'Aqmi, dans le cadre de l'opération Serval.

Des situations comparables sont difficiles pour les chrétiens aussi. Des militaires français catholiques ont connu de vrais cas de conscience quand ils ont dû combattre des belligérants orthodoxes, en Bosnie et au Kosovo[5]. Il y en aura encore demain. Quelle que soit la religion, des cas de conscience peuvent émerger dans les armées. Ce problème prend une acuité particulière avec l'islam où la distinction entre la sphère temporelle et la sphère spirituelle n'existe pas, le Coran enseignant la soumission du politique au religieux. Tout doit être *in fine* soumis à Dieu, à travers le Coran, ce qui soulève une vraie difficulté dans le cadre des armées françaises. C'est prioritairement aux aumôniers militaires musulmans de la gérer, puis à l'ensemble de la communauté musulmane française. Alors que la laïcité reste un vécu difficile dans

---

5. Cf. *supra,* p. 134.

le monde de l'islam, comment faire en sorte qu'en restant fidèle à sa religion, un soldat français musulman puisse accomplir son travail avec sérénité ?

Malgré les évolutions récentes constatées dans l'opinion publique, certains milieux considèrent encore que l'armée est un vivier de la réaction. Vous estimez au contraire que l'armée d'aujourd'hui est un « laboratoire de la laïcité » ? Pouvez-vous expliquer ce grand écart apparent ?

L'armée est peut-être la seule institution officielle de la République au sein de laquelle le mot laïcité ne signifie pas une négation du fait religieux, mais sa prise en compte fondée sur un respect mutuel entre le commandement d'un côté et le religieux de l'autre. Chacun à sa place y est appelé à remplir son rôle. Le commandement ne dirige pas les aumôniers mais fait savoir ce qu'il attend d'eux. Les armées fixent ainsi leurs besoins quand il s'agit par exemple d'accompagner les régiments déployés en opex. Les aumôneries peuvent exprimer un avis, mais c'est le commandement qui décide. Tout ceci s'accomplit dans la discussion. Les aumôniers remplissent donc leur rôle de manière officielle, reconnu comme tel, et c'est en cela que l'on peut parler d'un modèle de laïcité. Or ce modèle a toujours été préconisé par le Vatican et prévaut toujours dans les départements concordataires[6]. Cette laïcité se fonde sur une juste indépendance des pouvoirs religieux et politique, cette indépendance ne signifiant pas méconnaissance.

---

6. Haut-Rhin, Bas-Rhin et Moselle.

L'armée est neutre en matière de religion, c'est un fait établi. Malgré les coups de butoirs du laïcisme – cette forme de totalitarisme athée –, elle prend en compte le fait religieux de manière concrète, par la présence d'aumôniers en son sein et par la mise à disposition de moyens leur permettant d'œuvrer. Je crains pourtant que l'idéologie laïciste ne finisse par trouver des échos au sein des armées. À tous les échelons, des hommes du rang à certains officiers généraux haut placés, je constate parfois une volonté de pousser les aumôneries vers la porte. La manifestation la plus courante de cette tendance est d'affirmer que l'aumônier ne doit s'occuper que du culte en se contentant d'aller de son bureau à la chapelle et de la chapelle à son bureau. Qu'il attende ses « clients » dans son bureau et surtout qu'on ne le voie pas trop ! Il existe dix mille petites vexations que l'on peut faire subir aux aumôniers, quels que soient les cultes, pour leur faire sentir cette volonté de mise à la marge. Certains, enfin, préconisent la disparition pure et simple des aumôneries considérée comme une institution anachronique.

La laïcité à la française glisse de plus en plus vers le laïcisme. Cette évolution est facilement identifiable du point de vue sémantique. Dans l'esprit et la bouche des ennemis des religions, on est passé de la promotion de l'« État laïc » à celle de la « société laïque ». J'y vois là une dérive totalitaire. Ce n'est pas la société qui doit être laïque mais c'est l'État qui ne doit professer aucune religion. Faut-il rappeler que le caractère laïc de l'État n'implique pas de professer l'athéisme comme une religion d'État ? La laïcité est une neutralité. L'État n'a pas à professer de religion, fut-ce l'athéisme, et se doit de demeurer neutre vis-à-vis des religions. Or, si l'on observe par exemple le milieu de l'Éducation nationale, on constate que bon nombre de ses plus hauts responsables sont convaincus qu'ils sont chargés d'une mission régénératrice de l'individu, mission qu'ils accomplissent dans un esprit religieux. En témoigne cet extrait saisissant d'un livre récent de l'actuel ministre de l'Éducation nationale : « L'école doit opérer ce miracle de l'engendrement par lequel l'enfant, dépouillé de toutes ses attaches prérépublicaines, va s'élever jusqu'à devenir le citoyen, sujet autonome. C'est bien une nouvelle naissance, une transsubstantiation qui opère dans l'école et par l'école, cette nouvelle Église, avec son nouveau clergé, sa nouvelle liturgie, ses nouvelles tables de la Loi[7]. »

Notre Constitution se fonde sur la Déclaration des droits de l'homme et du citoyen de 1789 et la Déclaration universelle des droits de l'homme de 1948, qui établissent la liberté de penser et de croire – ou de ne pas croire – comme une des libertés fondamentales de l'être humain[8]. Le glissement sémantique de l'État laïc vers la société laïque – explicitement voulue par des idéologues – mène à la négation totale de la dimension religieuse et transcendante de l'être humain. La profession d'athéisme – croire que Dieu n'existe pas et vouloir l'imposer aux autres, y compris dans leur mode de vie au quotidien – est une

---

7. Vincent Peillon, *La Révolution française n'est pas terminée*, Le Seuil, 2008.

8. Articles 10 et 11 de la Déclaration des droits de l'homme et du citoyen. Article 18 de la Déclaration universelle des droits de l'homme.

religion totalitaire. Que l'État reste neutre, que l'État n'ait pas de religion, c'est une chose, et pourquoi pas une bonne chose. Certains États, qui ne sont pas d'effroyables théocraties, comme la Grande-Bretagne, sont confessionnels. Pas le nôtre et pourquoi pas, à partir du moment où l'État respecte la sphère d'autonomie du religieux, ce qui, trop souvent, n'est pas le cas.

Quand j'ose affirmer que nous ne sommes pas dans un régime de respect mutuel, il faut replacer ce propos dans sa dimension historique et remonter à la Révolution française. En 1790, la constitution civile du clergé[9] relève d'une volonté explicite de mettre au pas la religion, en l'occurrence le catholicisme, largement majoritaire à l'époque. L'ensemble des biens de l'Église est alors spolié. Un peu plus d'un siècle après, l'offensive reprend. Alors que l'Église a opéré son fameux ralliement à la République après la guerre de 1870[10], les crises de 1901 débouchent sur l'exil d'une partie des religieux français, puis celle de 1905 sur une nouvelle spoliation des biens de l'Église[11]. Des citoyens français sont chassés hors du territoire national par la République française en raison de leur appartenance religieuse, mais ils reviendront se battre en 1914, lorsque la terre française sera de nouveau menacée par les Allemands. Il est important de garder ces

---

9. Décret du 12 juillet 1790. Il prévoit notamment l'élection des évêques et des curés et les contraint de prêter serment. La constitution civile du clergé a été abrogée par le concordat de 1801.

10. Cf. Philippe Prévost, *L'Église et le ralliement. Histoire d'une crise 1892-2000,* CEC, 2001.

11. Cf. *supra* p. 73, et Jean Sévillia, *Quand les catholiques étaient hors la loi,* Perrin, coll. « Tempus », 2006.

épisodes à l'esprit. La République a choisi dès le départ une confrontation violente avec le fait religieux, en particulier avec le catholicisme majoritaire. La séparation des Églises et de l'État, imposée par la loi de 1905, établit une séparation à sens unique. L'État interdit strictement à l'Église toute influence directe auprès de lui. Mais la contrepartie n'est pas vraie. L'État se permet d'intervenir en permanence dans les questions ecclésiales, ne serait-ce que pour les nominations au sein des cultes.

Jean-Paul II a théorisé les « sphères d'autonomie » du politique et du religieux[12]. L'Église reconnaît à l'État sa sphère d'autonomie et n'a pas à intervenir de manière intempestive sur des questions qui relèvent spécifiquement du politique. Si on applique cette vision au domaine militaire, le commandement évolue dans sa sphère d'autonomie, ce qui n'empêche que nous entretenons des rapports permanents. L'aumônier peut faire des suggestions au commandement, mais ce dernier fait ultimement ce qu'il veut dans son domaine propre. Inversement, la sphère d'autonomie du religieux suppose que dans la dimension qui lui est propre – l'enseignement de la foi et le culte – le politique n'a rien à lui opposer. Ce qui ne signifie pas ici encore que tout échange soit exclu. Le commandement peut demander à l'aumônier de dire une messe en certaines occasions ou d'intervenir dans le cadre des décès. Mais dans le domaine spécifique du culte, l'aumônier doit être le seul maître à bord.

---

12. Sur le concept de « sphère d'autonomie » : George Weigel, *Jean-Paul II, témoin de l'espérance*, J.-C. Lattès, 1999.

*Suivant Jean-Paul II, vous estimez que la sphère d'autono-
mie du politique doit être respectée. Pourtant, l'Église se
prononce souvent sur des questions qui ne semblent pas
la concerner. L'Église catholique n'a-t-elle pas aussi une
responsabilité dans la fragilisation du modèle laïc ?*

Quand l'État, si l'on s'inspire d'une actualité récente,
modifie par la loi la structure même de ce qu'est une
société, à savoir la famille, il est absolument logique que
l'Église intervienne. S'il s'agit en revanche de savoir si
le taux du livret A doit être fixé à 1,5 ou 2,5 %, s'il
doit être indexé ou non, l'intervention de l'Église ne
serait pas pertinente, sauf si la réponse à ces questions
induisait des conséquences négatives sur le sort des plus
pauvres. On voit ainsi l'Église intervenir régulièrement
en Amérique latine ou dans les pays émergents au nom
de ces pauvres qu'elle connaît bien. Prendre part au
débat public ne signifie pas qu'elle entend décider à la
place du pouvoir politique. Mais qu'elle ait son mot à
dire, au nom de ce et de ceux qu'elle représente, me
paraît une évidence. Pourquoi, par le simple fait d'être
une institution de foi, serait-elle privée du droit de s'exprimer dont jouissent tant d'associations diverses et tous
les autres citoyens ? C'est invraisemblable. Pourquoi, au
nom de mon état religieux, me retirerait-on le droit de
débattre publiquement, surtout quand il s'agit de sujets
cruciaux ?

Quand l'État promulgue des lois contraires au droit
naturel et aux avis de l'Église, est-il dans son « droit » ?
Je ne sais pas et l'on peut en débattre. Mais qu'il soit
dans sa sphère d'autonomie est une évidence. Je suis

très frappé de constater que, bien souvent, les mêmes qui ont reproché à l'Église de ne pas être intervenue face au nazisme, lui reprochent ses interventions face à l'État dans le débat public contemporain. Il n'y a aucune cohérence dans cette pensée ! Toutes choses égales par ailleurs, les détracteurs de l'Église qui estiment qu'elle aurait dû intervenir en faveur des Juifs – ce qu'elle a d'ailleurs fait, même si on peut toujours critiquer la manière – doivent logiquement accepter ses interventions actuelles, quitte à les trouver odieuses. On ne peut pas exiger de l'Église d'intervenir ou non en fonction de critères subjectifs. Ne devrait-elle s'exprimer uniquement quand elle va dans le sens de ses détracteurs ou dans le « sens de l'Histoire » ?

Vous avez utilisé le mot « totalitarisme » à plusieurs reprises. N'est-ce pas exagéré au regard du poids historique de ce concept et des régimes sanglants qui lui sont associés ?

Avec la loi de séparation des Églises et de l'État, ce dernier a adopté la position du Léviathan[13] : il est devenu une superpuissance qui ne reconnaît rien qui puisse lui être égal. L'État se prend donc pour Dieu. Les premiers chrétiens à Rome n'ont pas été martyrisés dans les cirques du fait de leur croyance en Jésus-Christ – les Romains acceptaient tous les cultes, et tous les dieux étaient honorés dans le temple du Panthéon à Rome – mais parce

---

13. *Léviathan. Traité de la matière, de la forme et du pouvoir d'une république ecclésiastique et civile* est une œuvre de philosophie politique de Thomas Hobbes, publiée en 1651.

qu'ils refusaient de reconnaître à l'empereur sa divinité et de brûler de l'encens devant sa statue. Quand l'État républicain français décrète unilatéralement, après expulsions et spoliations, la séparation des Églises et de l'État, il se prend pour Dieu. Il s'érige lui-même en une structure autosuffisante et autoréférente : en philosophie, cela s'appelle Dieu. J'y vois une dérive très dangereuse sur laquelle les politiques et les religieux devraient se pencher. La philosophe Chantal Delsol le dit à sa manière quand elle évoque la « conscience d'Antigone[14] ».

Pour être résolu, ce nœud gordien exigerait de l'État français une remise en cause de certains principes hérités de 1789 et de 1793, ce qui serait une révolution copernicienne. Dans les difficultés que les Français rencontrent à se reconnaître un avenir commun, il relèverait de la sagesse de nos hommes politiques d'aider l'État à retrouver une certaine mesure philosophique et pratique, afin de ne pas devenir cette hydre tentaculaire voulant

---

14. « Nous retournons subrepticement à ce que le combat antitotalitaire avait réussi à démanteler : le positivisme – c'est-à-dire l'idée selon laquelle l'État a toujours raison, parce qu'il est l'État. Dans notre cas, il faudrait plutôt dire : ce qui est consacré républicain (progressiste, égalitariste, émancipateur) a toujours raison. Il faut bien rappeler que la conscience personnelle, celle d'Antigone, celle de l'objection de conscience, représente exactement le contraire du positivisme. Elle présuppose, si elle existe ou plutôt si elle est légitimée (car elle existe même si personne ne la reconnaît), qu'aucune instance supérieure ne peut prétendre avoir toujours raison. Et que le dernier mot, toujours particulier et relatif, revient à la conscience personnelle – ce qui suppose évidemment que l'être humain soit une personne et non un individu programmé par l'État, formaté par l'École », *in Valeurs actuelles*, 23 août 2013.

régenter la vie de l'être humain depuis la façon dont il est conçu jusqu'à la manière même dont il va mourir. Nous sommes sur une pente dangereuse de ce point de vue-là et on y distingue, au bout, ce qui s'appelle le totalitarisme.

Chapitre 13

REGARD SUR L'ÉGLISE D'AUJOURD'HUI

La France a beau être déchristianisée, l'Église continue de fasciner. Des controverses les plus sordides à l'élection d'un pape, elle fait souvent la une des médias, excitant les passions ou les indignations. Quand le pape François appelle à la compassion envers les immigrés à Lampedusa on l'applaudit, quand il s'oppose à l'avortement, on le conspue. Face à la modernité, l'Église cherche et propose des réponses. Acceptées ou non.

***

Après avoir évoqué les relations entre les cultes et l'État, penchons-nous plus précisément sur l'Église. On la dit parfois moribonde, archaïque, vermoulue, et pourtant sa parole continue d'agiter la société française. Comment expliquez-vous ce phénomène apparemment paradoxal ?

Le Christ a fondé son Église sur la Croix, « folie pour les Juifs et scandale pour les païens[1] ». La croix était

---

1. 1Co 1, 23.

en effet un supplice réservé aux criminels les plus épouvantables et il faudra attendre le IVe siècle pour que des chrétiens osent la représenter : la première image de la croix connue en Occident a été retrouvée sur les portes en bois de la basilique Sainte-Sabine à Rome. Si l'Église est fondée sur la Croix, elle est comme cette Croix : un signe de contradiction posé à la face des nations. L'Église est souvent critiquée à juste titre car son image visible est critiquable. Elle est composée d'hommes et de femmes, pécheurs et pècheresses, qui ont besoin en permanence de se convertir et de se purifier. Un vieil adage latin, pleinement d'actualité, rappelle que l'Église est *semper reformanda*, ce qui signifie « toujours en réforme ».

Au-delà de ses faiblesses humaines visibles, la pensée même de l'Église s'ancre sur des éléments contradictoires avec la pensée « moderne ». Elle s'enracine dans la réception de la Parole de Dieu qui vient nous rejoindre à travers la Bible et nous est transmise par la Tradition, depuis les apôtres, les Pères de l'Église et les maîtres anciens. Il y a là quelque chose d'anachronique dans un monde où dominent la nouveauté et l'opposition systématique à tout ce qui a précédé. Ici repose la source d'une incompréhension fondamentale, pour ne pas dire fondatrice, entre ce qu'annonce l'Église et la pensée contemporaine façonnée par les Lumières, le positivisme du XIXe siècle, les utopies libertaires et la déconstruction théorisée par Jacques Derrida[2].

Considérer que l'Église doit se mettre au goût du jour est un non-sens. Quel est son rôle ? Deux paroles du

---

2. Jacques Derrida, né Jackie Derrida (1930-2004).

Christ le précisent : « Et moi, je vous envoie comme des brebis au milieu des loups[3] » ; « Enseignez les nations et baptisez-les au nom du Père, du Fils et du Saint-Esprit[4] ». L'Église n'a pas d'autres fonctions. Historiquement, chaque fois qu'elle a voulu sortir de son rôle, elle s'est fourvoyée. Sa seule mission, reçue de Jésus-Christ, est de transmettre son message et d'œuvrer à la réconciliation de l'humanité avec Dieu. Que le langage ou les formes utilisés pour remplir cette unique mission puissent varier dans le temps relève de l'évidence. Il ne viendrait à l'esprit d'aucun prêcheur d'écrire ou de prononcer aujourd'hui un sermon à la manière de Bossuet[5]. Mais le contenu le plus profond de notre foi demeure invariable : Dieu aime chaque être humain, infiniment. Il est venu nous retrouver. En Jésus-Christ Il s'est fait homme, Il a souffert la Passion, Il est mort et Il est ressuscité pour chacun de nous.

Si la mise au goût du jour de l'Église consiste à demander aux prêtres et aux baptisés de trouver des ressources nouvelles pour rejoindre leurs contemporains, elle est aussi souhaitable qu'indispensable. Même Benoît XVI, pourtant peu familier des nouveaux moyens de communication, avait appelé les chrétiens à investir Internet, les réseaux sociaux et les nouvelles technologies. Non sans que cela chiffonne une partie des adversaires de l'Église,

---

3. Mt 10, 16.

4. Mt 28, 16.

5. Jacques-Bénigne Bossuet (1627-1704), prélat, évêque de Meaux, prédicateur français. Auteur de célèbres sermons et oraisons funèbres.

étonnés par l'efficacité des chrétiens en la matière. Mais si mettre l'Église au goût du jour signifie pour elle suivre bêtement les modes, cela n'a aucun sens. Ce n'est pas ce dont l'homme moderne a besoin, parce que précisément il veut retrouver ses racines dans une époque déstructurée. L'Église d'aujourd'hui fait œuvre de civilisation, comme au cours des siècles précédents, pour retisser ce lien entre l'homme contemporain et ce qui l'a précédé.

Il existe pourtant des voix influentes au sein de l'Église qui encouragent son adaptation aux nouvelles réalités sociologique. Lors du dernier conclave, certains « papabili » étaient réputés favorables à des adaptations pastorales. La modernité fait-elle peur à l'Église ?

L'Église est une vieille dame âgée de deux mille ans qui a su rester toujours jeune. Si certaines prémices sont anciennes, ce n'est que très récemment – il y a environ une cinquantaine d'années – que sont apparues des interrogations sur sa « modernité ». Juste avant le concile Vatican II, nombreux étaient les responsables catholiques qui se demandaient si l'Église faisait bien tout le nécessaire pour aller à la rencontre de l'homme moderne. Cette interrogation a été formulée par des gens admirables, habités par une générosité et un cœur profonds. Ils avaient observé à juste titre que bien des personnes issues des masses populaires, ou des intellectuels, s'éloignaient de plus en plus de l'Église. Certains ont alors pensé – ce n'était pas toujours faux – que l'Église restait claquemurée. Je pense ainsi aux écrits plus anciens du père Mugnier[6], célèbre prêtre du faubourg Saint-Germain, très introduit dans les grandes familles et dans les milieux littéraires – il avait amené Huysmans[7] à la conversion – qui s'insurgeait déjà contre les parfums des vieilles sacristies et appelait à aller au-devant du peuple.

Ces questions louables procèdent de mutations profondes apparues au XXe siècle qui travaillent l'Église de l'intérieur. En 1918, l'ancienne société européenne – encore marquée par l'héritage chrétien – a été enterrée dans la boue des tranchées. Au cours de l'entre-deux-guerres, la France connaît un vaste exode rural qui entraîne une transformation sociologique profonde du pays. Dans ce contexte, le clergé – issu à 90 % des campagnes – se considère déconnecté du quotidien des gens. Viennent ensuite se greffer des influences extérieures. À l'issue de la Seconde Guerre mondiale, des idées nouvelles arrivent des États-Unis, véhiculées notamment par les *GI*'s. Puis on assiste à l'émergence des mouvements de libération sexuelle qui conduiront à Mai 68. À nouveau, des hommes d'Église estiment qu'ils sont loin de cette « modernité ». On s'interroge sur la manière de dire la messe, jugée trop hiératique. On remet en cause l'utilisation du latin et on fait la promotion du français. Ces interrogations ne se réduisent pas – très loin de là – à

6. De 1879 à 1939, l'abbé Arthur Mugnier, surnommé le « confesseur des duchesses », a noté ses souvenirs : *Journal de l'abbé Mugnier*, Mercure de France, rééd. 1985.

7. Joris-Karl Huysmans (1848-1907). Écrivain français, figure du décadentisme, il se convertit au catholicisme dans le courant des années 1890.

la seule dimension liturgique. Bien d'autres questions se posent alors, d'ordre pastoral, clérical ou social. Avec beaucoup de générosité, certains entreprennent alors de « dépoussiérer » l'Église, ce qui était certainement nécessaire. Mgr Lefebvre lui-même, futur chef de file de ceux qu'on appellera les traditionnalistes et les intégristes, appelait de ses vœux une réforme de la liturgie et de différents aspects de la vie de l'Église lors du concile Vatican II. Avec sa grande expérience de missionnaire – il avait été supérieur des Pères Spiritains puis archevêque de Dakar –, il estimait qu'il était temps de remuer des habitudes qui sentaient un peu trop la naphtaline. Ceux qui le suivent aujourd'hui ont peut-être eu tendance à l'oublier un peu vite...

D'où vient le hiatus ? Dans ce bouillonnement s'est introduite une forme d'« idéologie de la modernité » par l'intermédiaire de laquelle certains ont tenté de capter l'héritage de Vatican II à leur seul profit. Cette intuition a été clairement formulée par Josef Ratzinger qui fut membre du concile comme expert, puis évêque, cardinal et enfin pape sous le nom de Benoît XVI. Cette captation n'obéissait plus à une vision théologique et pastorale valide, ancrée dans la Tradition de l'Église. Ses promoteurs se sont inscrits dans une « herméneutique de rupture ». Leur vision de la modernité se voulait une rupture systématique par rapport à ce qui avait précédé. Pour ces gens-là, il fallait supprimer tout ce qui avait existé avant, sous prétexte d'être « moderne ». Nous avons vu quels furent les fruits de cette vision...

Les Églises et les séminaires de France se vident aujourd'hui.
Est-ce la conséquence des soubresauts que vous venez d'évo-
quer ? L'Église est-elle allée trop ou pas assez loin ?

L'Église est parfois frileuse dans certains domaines. Le rapport avec le monde des médias est révélateur. Nous avons peur de nous y exprimer, nous ne savons pas nous y positionner. Pourtant, « la vérité [n]ous rendra libre[8] » : il nous faut donc la proclamer même si l'on y prend des coups. Nous n'avons pas que des amis dans le monde médiatique ce qui est parfaitement normal et sain. L'inverse serait étonnant ou traduirait l'existence d'un système coercitif verrouillant les médias et la pensée de chacun. Grâce à Dieu, chacun peut penser du mal de l'Église ! Cependant, quand 90 % d'une profession pensent du mal de l'Église, se pose la question de l'équilibre de la profession.

Avec la fameuse « herméneutique de rupture » et le rejet de tout héritage, l'Église peut perdre son âme. Ce qui fait son fondement a été résumé par saint Paul : « Je vous ai transmis ce que j'ai reçu[9]. » Nous sommes ici à l'opposé de la pensée « moderne » qui entend réinventer en permanence. Tout notre système politique et économique fonctionne désormais suivant ce schéma, que le souci écologique pourrait heureusement tempérer. Ces mouvements n'expliquent pas à eux seuls la désaffection dont souffre l'Église catholique, dans les pays d'ancienne tradition chrétienne. Il existe aussi des mouvements très

---

8. Jn 8, 32.
9. 1Co 15, 3-4.

profonds, sociologiques, intellectuels qui ont trouvé une caisse de résonnance dans l'application du concile Vatican II. Pour des hommes d'Église, la rupture à tout prix revient à scier la branche sur laquelle ils sont assis. À partir du moment où les prêtres deviennent de gentils organisateurs de spectacles dominicaux, comment prétendre donner envie à nos contemporains de venir rencontrer le Christ ?

L'Église n'est pas séparée des hommes de ce temps, elle vit aussi les crises de son époque. Dresser un parallèle avec le milieu de l'Éducation nationale est intéressant à cet égard. Dans les années 1970, il a fallu que l'élève apprenne par lui-même, que le maître cesse d'être enseignant : il n'était là que pour orienter les découvertes de ses élèves. L'Église n'a pas échappé à des mouvements comparables comme le montre ce qu'est devenu un temps l'enseignement du catéchisme. La base de la pédagogie de l'Église, c'est *a minima* d'imiter la pédagogie de Dieu. Quand Dieu veut rencontrer l'être humain, quand Il veut lui dire qui Il est, sa pédagogie est de venir Se révéler. Il vient Lui-même, parfois avec douceur, parfois avec fracas. Il est rentré dans le monde comme un petit enfant. Mais quand il fallut libérer le peuple hébreu de la servitude, ce fut par l'intermédiaire des sept plaies d'Égypte. Dieu vient et dit qui Il est. « Je suis Yahvé, je suis le Dieu de tes pères Abraham, Isaac et Jacob » ; « Je suis celui qui suis »[10]. À partir des années 1970, on a modifié le système de catéchèse pour entrer dans les normes de la « modernité » et l'Église n'a plus dit qui était Dieu. Ce fut une catastrophe.

---

10. Ex 3, 1-22.

Au cours d'une conférence récente, je réalise un petit sondage auprès de la trentaine de catholiques présents. La question est simple : « L'homme tout seul, par l'exercice de sa raison, peut-il accéder à la connaissance de Dieu ? ». La réponse – négative – fut unanime. Cette réponse est pourtant contraire à un enseignement essentiel du concile Vatican I[11]. Aucun de ces catholiques pratiquants n'avait donc reçu d'enseignement sérieux sur ce sujet important. Du fait de ces errements pédagogiques, le peuple des baptisés, du moins en Occident, ne connaît plus les fondements de sa foi. Il a fallu attendre l'arrivée de Jean-Paul II pour que l'on mette fin à cette dérive et que l'on réfléchisse un peu. Qu'étions-nous en train de faire ? Aujourd'hui, la situation s'améliore, mais le chantier demeure vaste.

S'il est un abcès de fixation dans les sujets d'incompréhension qui peuvent séparer l'Église et le monde d'aujourd'hui, c'est bien la question de la sexualité. Comment expliquez-vous la polarisation du débat sur cette dimension particulière ?

La sexualité marque un hiatus entre une partie non négligeable de la population mondiale – du moins dans les pays forgés par le christianisme – et les positions de l'Église. Pourquoi la critique-t-on de ce point de vue-là ? Ici encore, il nous faut considérer l'évolution de notre société, profondément marquée par la révolution de 1968

---

11. Le concile Vatican I s'est tenu du 8 décembre 1869 au 20 octobre 1870.

résumée à un mot d'ordre : « Jouir sans entrave. » À partir du moment où l'Église pose comme principe que le fondement et le sommet de la vie humaine n'est pas de jouir – de tout et de son propre corps –, elle oppose une contradiction fondamentale à l'absolu hédoniste. Cette idéologie soixante-huitarde du plaisir et de la jouissance à tout prix dispose d'un allié objectif : l'idéologie consumériste et matérialiste. Les publicitaires ne s'y trompent pas, qui font poser des femmes dénudées à côté des pots de yaourt. Ils savent que le sexe fait vendre, tout comme ils peuvent utiliser les deux autres leviers de l'humanité : le pouvoir et l'argent.

Ces organisations, ces institutions, ces regroupements commerciaux, obéissent à des raisons pas toujours recommandables fondées souvent sur un mercantilisme absolu. Quand l'Église commence à rappeler à l'ensemble de ses fidèles que l'objectif de la sexualité n'est pas la seule jouissance, elle s'oppose à ces puissants intérêts qui ont vite fait de caricaturer ses prises de position. Faut-il rappeler que l'Église n'a aucun problème avec le plaisir sexuel ? J'espère que les couples chrétiens ont du plaisir au lit, et je m'en réjouis pour eux. Lors des préparations au mariage, je redis aux fiancés combien la sexualité est belle et formidable. Qu'une institution ose dire à temps et à contretemps, contre vents et marées, que l'amour charnel est un don de Dieu, et qu'il est tellement beau qu'on ne peut pas en faire n'importe quoi, voilà qui est odieux pour certains.

Concernant la sexualité, le débat s'est crispé avec la prise de position courageuse de Paul VI dans son encyclique *Humanae Vitae*[12]. La réaction fut immédiate. De partout des voix s'élevèrent pour intimer le silence au pape, prié de s'occuper de ses affaires plutôt que des activités intimes des individus. L'incompréhension fut totale. Cette encyclique tient pourtant un discours humaniste, bien loin d'une série d'interdictions. Paul VI ne prétendait pas régenter la vie des gens, mais voulait mieux définir la sexualité à l'aune des évolutions de la société. Soit l'on considère de manière univoque la sexualité comme une capacité de se procurer du plaisir, et – éventuellement – d'en procurer à l'autre. Soit l'on considère la sexualité comme un don qui vient de Dieu, quelque chose de bon en soi, doté d'une finalité : la possibilité de transmettre la vie avec les conséquences et la responsabilité que cela suppose.

Que des gens décident de consacrer toute leur vie à la recherche de la jouissance n'est pas ce qui me pose problème. C'est un choix assumé par des êtres adultes. Je récuse en revanche l'idée érigée en dogme selon laquelle la sexualité ne serait faite que pour se donner du plaisir, pour jouir sans aucune limite et serait le centre et le sommet de la vie. L'ultime jouissance dans la sexualité, selon ceux qui portent ce discours, serait de pouvoir enfin vivre ses fantasmes, ce qui ferait retourner dans sa tombe Freud lui-même. C'est la frustration qui nous construit et le destin du fantasme n'est pas le passage à l'acte, mais de rester un fantasme. Le fait de connaître ses fantasmes per-

---

12. *Humanae Vitae* est une lettre encyclique « sur le mariage et la régulation des naissances » promulguée par le pape Paul VI le 25 juillet 1968.

met de progresser, de mieux se connaître, mais le passage à l'acte est par définition destructeur. Ce retournement de l'idéologie libertaire contre la psychanalyse dont elle est en partie issue est étonnant.

Quand, de surcroît, l'Église ose proposer à certains de ses membres de choisir librement, dans le cadre de leur vie sexuelle, de renoncer à sa dimension charnelle, on atteint pour certains le sommet de l'horreur. Que reproche-t-on finalement au prêtre, au religieux et à la religieuse ? D'être marié ou pas ? Mais tout le monde se fiche du mariage ! Sans vouloir m'appesantir sur un débat récent, les seuls que l'on veut marier aujourd'hui sont les personnes homosexuelles et les prêtres. Concernant les prêtres, comme nous l'avons déjà évoqué, la vraie question n'est pas de savoir pourquoi ils ne sont pas mariés, mais pourquoi ils n'utilisent pas leur sexe[13]. Cette donnée est un véritable poil à gratter pour un certain nombre d'individus dont beaucoup ont été le fer de lance de la société sans mariage et de l'union libre. À leurs yeux, il est impossible qu'un être humain s'écarte à d'autres fins du plaisir physique que pourrait lui procurer une sexualité active.

Le prêtre est un être sexué. Si on veut l'asexuer, ce qui a pu arriver dans certains séminaires, on l'amène irrémédiablement à commettre des sottises. Je suis homme et j'ai besoin de me positionner comme tel, dans mes rapports aux autres hommes et dans mes rapports aux femmes. La continence sexuelle est-elle facile à vivre dans le monde dans lequel nous vivons ? La réponse est non. Encore moins dans une société axée sur le sexe et la performance

---

13. Cf. *supra,* p. 39.

érotique. Ce choix dépasse la simple nature humaine, c'est pourquoi il y faut la grâce de Dieu. Avec elle, mais aussi avec une dose d'intelligence et de volonté, on est capable de perfectionner notre pauvre nature humaine. La grâce ne vient pas remplacer notre nature. Elle vient la perfectionner, mais le combat demeure inévitable. Et il est source d'enrichissement humain, de don et *in fine* de joie.

Ce choix radical est encore moins facile à vivre quand on découvre aussi, chez des personnes consacrées, des blessures qui ont pu amener certaines d'entre elles, hommes ou femmes, à des comportements condamnables, le pire de tous étant la pédophilie, la manipulation et l'abus de jeunes garçons ou de jeunes filles, en usant de positions d'autorité. C'est le comble de l'horreur. Si cela choque tant, cela signifie aussi qu'instinctivement les gens sentent que dans le sacrifice de la vie de famille et de la sexualité active, les religieux, les religieuses et les prêtres posent un acte noble, grand, qui dépasse la simple nature humaine, et qu'il est particulièrement tragique de salir ce sacrifice par des comportements désordonnés dont les conséquences pour les victimes sont épouvantables et tragiques.

Critiquée de l'extérieur, fragilisée de l'intérieur, l'Église par certains aspects fait penser à cette « barque prête à couler », évoquée par Joseph Ratzinger en 2005[14]. Pour

14. Cette expression fut employée par le cardinal Ratzinger le 24 mars 2005, à l'occasion du chemin de croix du Colisée, moins d'un mois avant son élection comme pape. Au cours de la même

paraphraser Paul Valéry, l'Église, comme les civilisations, est-elle mortelle ?

Je songe aux paroles du Christ à Pierre : « Tu es Pierre et sur cette pierre je bâtirai mon Église et les forces de l'enfer ne prévaudront pas sur elle[15]. » Et à cette autre interrogation de Jésus : « Et le Messie, quand Il reviendra, trouvera-t-il la foi sur terre[16] ? » Nous avons là un double mouvement qui permet d'éclairer la question de la crise de l'Église. Je crois que l'Église catholique, Église du Christ, a les paroles de la vie éternelle et que le Seigneur lui donnera jusqu'à la fin des temps la capacité d'exister et de transmettre aux hommes son message d'amour. Dans le même temps, je crois aussi que cette Église peut être entachée dans son humanité. Elle l'a déjà été au travers des siècles et elle le sera encore, parce qu'elle est composée d'hommes et de femmes pécheurs. L'Église du Christ suit dans sa vie terrestre des chemins qui sont proches du Christ, passant par la mort et la résurrection.

Il s'agit d'être ni optimiste, ni pessimiste, mais réaliste. Je vois aujourd'hui dans l'Église des forces de vie extraordinaires, en particulier dans les continents du Sud, en Afrique, mais aussi en Amérique latine et encore plus en Asie du Sud-Est. Les séminaires y sont pleins, les conversions et les baptêmes se multiplient. À l'échelle de la planète, l'Église progresse plus vite en proportion

---

méditation, Joseph Ratzinger, avait prononcé ces paroles : « Que de souillures dans l'Église, et particulièrement parmi ceux qui, dans le sacerdoce, devraient lui appartenir totalement ! »

15. Mt 16, 18-19.
16. Lc 18, 8.

que la population mondiale. Il y a donc de vraies raisons d'espérer. Cependant, il est des lieux, jusqu'au plus haut niveau, où l'Église peut vivre des expériences de mort. Le pape François a le courage de le dire, comme son prédécesseur. Le premier qui a trahi le Christ, c'est Judas, un de ceux qu'Il avait choisis comme apôtres. Par un baiser, il a vendu son Seigneur. Le deuxième, c'est Pierre, celui-là même sur qui le Christ a fondé son Église. Il le reniera trois fois. Tout pourrait me désespérer de l'Église dans son humanité, mais je demeure pourtant capable de dire au Christ que je crois en Lui et que je crois qu'Il est plus fort que tout cela. Cette relation interpersonnelle est la vraie relation de foi car elle la bâtit. Avoir la foi ne signifie pas adhérer à un système de parti ou à l'Église dans ses formes transitoires et institutionnelles. C'est croire profondément que Jésus « a les paroles de la vie éternelle[17] » et qu'Il est venu me les apporter par l'intermédiaire de Son Église. Et cela, j'y crois. Malgré tout. Même quand tout semble s'éteindre. Ces paroles ne sont pas abstraites et leurs implications sont très concrètes comme en témoignèrent les chrétiens pourchassés derrière le rideau de fer, dans l'ex-bloc soviétique, ou derrière le rideau de bambou, dans les pays asiatiques tombés sous le joug communiste, et comme en témoignent aujourd'hui les chrétiens d'Orient, en Syrie, en Irak, en Égypte, au Pakistan et ailleurs. Au travers des persécutions d'hier et d'aujourd'hui, les chrétiens donnent un vivant exemple d'espérance.

---

17. Jn 6, 68.

Chapitre 14

FACE À L'ULTRAVIOLENCE :
L'AFFAIRE MERAH

11 mars 2012 : Iman Ibn Ziaten du 1ᵉʳ RTP est assassiné sur le parking d'un gymnase de Toulouse. 15 mars 2012 : Abel Chennouf et Mohamed Legouad du 17ᵉ RGP sont tués à quelques mètres de leur caserne de Montauban, leur camarade Loïc Liber est grièvement blessé. 19 mars 2012, trois élèves – Arieh Sandler, Gabriel Sandler et Myriam Monsonego – et un enseignant – Jonathan Sandler, père d'Arieh et Gabriel – de l'école juive Ozar Hatorah de Toulouse sont abattus froidement. L'auteur de ces sept meurtres s'appelle Mohamed Merah, il a vingt-trois ans. Cet épisode terrifiant, qui mêlent les problématiques civiles et militaires, religieuses et laïques, françaises et internationales au prisme de la violence et de la mort, est à sa manière un raccourci fulgurant de ce à quoi fut confronté l'abbé Christian Venard depuis le début de son ministère aux armées.

***

La violence qui a frappé Toulouse et Montauban, en cette fin de l'hiver 2012, demeure dans toutes les mémoires. Dans quelles circonstances vous retrouvez-vous au cœur de l'affaire Merah ?

Dans les semaines qui ont suivi cette journée, son évocation fut presque facile, voire thérapeutique. Avec le recul, il m'est désormais pénible d'y revenir. On ne côtoie pas indûment la mort. Le temps passant, quelque chose d'indélébile s'est inscrit au fond de moi.

Il faisait beau ce 15 mars. Je suis dans la cour de la base de Montauban, avec deux des veuves d'Afghanistan. L'une est l'épouse de l'adjudant Jean-Marc Guéniat, décédé lors de la *shura* du mois de juillet 2011[1]. L'autre celle du propre chef d'équipe de Jean-Marc Guéniat, le lieutenant Valéry Tholy, tué au mois de septembre suivant[2]. Toutes les deux s'appellent Sandra. Coïncidence bouleversante : celui qui avait été placé auprès de la famille de l'adjudant Guéniat après son décès, était le lieutenant Valéry Tholy qui était très proche de lui. Quand, à son tour, il est parti en Afghanistan pour le remplacer, il avait la conviction qu'il y resterait et avait tout préparé.

Je prends donc le café avec ces deux femmes, juste aux marches du poste de commandement du régiment situé à l'angle du quartier, à l'intérieur des murs. De l'autre côté se trouve le fameux carrefour où le tueur s'apprête à agir. Soudain, nous entendons des coups de feu, mais

---

1. Cf. *supra,* p. 131.
2. Tué le 7 septembre 2011 dans un accrochage en Kapisa.

ils ne nous inquiètent pas plus que cela : de telles détonations ne sont pas anormales dans une enceinte militaire. Quelques instants plus tard, un para passe devant nous en me disant que des gars de chez nous ont été blessés en s'interposant dans un braquage commis dans le petit centre commercial établi au carrefour. Je suis à mille lieux d'imaginer l'ampleur du drame. Mais je vais voir ce qui se passe, surtout s'il y a des gars blessés. Je me dirige vers la sortie du quartier puis je cours le long des murs avant d'arriver à ce carrefour devenu tristement célèbre.

Trois ou quatre paras sont déjà là, s'efforçant d'assurer un semblant d'ordre. Gisant au sol, trois gars de chez moi, en uniforme. Abel Chennouf est le premier vers lequel je me dirige. Je ne connais pas encore son nom. Des urgentistes sont déjà auprès de lui. Je suis à ses pieds, le médecin à sa tête. Celui-ci lève son visage vers moi, me regarde, voit mon grade d'aumônier et me dit qu'il ne peut plus rien faire pour lui. Je me mets à genoux à même le sol. Je prends la main d'Abel qui est encore chaude. Je ne sais pas s'il est encore vivant, s'il vient de mourir ou s'il est en train de mourir. Je prends donc sa main et je commence à dire pour lui la prière des agonisants. En faisant cela, une partie de mon cerveau analyse ce qui se passe autour de moi, tout en demeurant dans la prière. Je ne réalise pas l'horreur de la situation : je suis dans l'action. La seule chose que je sais, c'est qu'Abel est mort ou va mourir. Aujourd'hui, je suis convaincu qu'il était encore vivant. Les équipes s'activent. À ma demande, un des paras va chercher des draps pour éviter que les badauds qui s'amassent ne prennent des photos avec leurs téléphones portables. Des gars tiennent donc ces draps et mettent en place un semblant de cordon de sécurité pendant que les forces de l'ordre arrivent.

Les visages des hommes au sol me sont familiers, mais je ne connais toujours pas leurs noms. Le caporal-chef Yohan Poirier, président des EVAT, est sur place. Il les appelle immédiatement par leurs noms et me les répète pour que je puisse les retenir : Abel Chennouf, Mohamed Legouad, Loïc Liber. Le chef de corps, le colonel Patrick Poitou, arrive sur place à son tour. Il s'entretient avec le lieutenant-colonel Jérôme Morin, adjoint du BOI[3], qui a pris en main les opérations pour sécuriser la zone. Le chef de corps est blanc comme un linge, sa stupéfaction est totale. Ce qui me frappe, c'est de l'entendre dire qu'il retourne au bureau pour gérer la situation. Alors que pris par l'émotion, n'importe qui aurait envie de rester, il a ce courage d'estimer que sa place n'est pas là. La situation est prise en main, il n'est pas sur le dos de ceux qui s'activent et il sait qu'il doit déjà consulter les dossiers des gars, qu'ils soient très grièvement blessés ou morts, et réunir toutes les informations pour les familles. Une autre image fugitive me frappe : ce sont les douilles qui jonchent le sol et sur lesquelles je suis obligé de marcher. Il y en a partout. Le tueur n'a laissé aucune chance à ses victimes.

Je suis toujours auprès d'Abel Chennouf et je sens soudain que quelque chose s'est passé. C'est très difficile à expliquer. Je tenais la main d'un vivant, et je sens que je tiens la main d'un mort. Des amis médecins m'ont confirmé l'existence d'une transition difficile à expliquer.

---

3. Bureau Opérations et Instruction.

On peut avoir devant soi quelqu'un de cliniquement mort, mais qui n'est pas encore un mort, et d'un coup, il devient cadavre et c'est un mort. Du coup, je quitte Abel et me dirige vers les autres. Loïc Liber est celui dont le cas paraît le plus désespéré à cet instant. Ceux qui s'occupent de lui déclarent l'avoir « perdu », et vont instantanément vers Mohamed Legouad. Liber reste alors vingt à vingt-cinq secondes sans soins. Mais un pompier, qui ne l'avait pas encore quitté, le voit « revenir ». Une partie des secours se précipite auprès de lui, administre de nouveaux soins et l'emmaillote pour le transporter à l'hôpital. Je prie pour lui, je le bénis, puis je lui dis : « Loïc, tiens le coup, tiens le coup. » Tenant en main une des perfusions qui lui ont été posées, je l'accompagne jusqu'à l'ambulance qui part en trombe.

Je vais alors vers Legouad et je procède comme avec Chennouf. Une infirmière du régiment, à peine revenue d'Afghanistan, est à mes côtés. Très choquée par cette scène, il faut presque la tirer en arrière pour la faire renoncer au massage cardiaque qu'elle pratique en vain. Je prends alors la main encore chaude de Legouad et je suis à nouveau habité par le sentiment qu'il est encore là. Comme pour Chennouf, ni sa mère ni sa copine ni son père ne sont avec lui en ce moment ultime. Et je me dis en mon for intérieur : « Tu n'as que moi, ton padre, mais je suis *ton* padre. » La prière vient ensuite. Plus tard, après avoir découvert qu'il était musulman, je dirai à son père que j'espérais qu'il n'était pas gêné de savoir que c'était un prêtre catholique qui avait accompagné son fils avec des prières catholiques. Et il m'a répondu : « Ah non, Allah est grand. » Magnifique réponse d'un croyant. En

247

tant que catholique, si l'un de mes proches mourrait en terre musulmane accompagné de prières musulmanes, je ferais la même réponse : « Dieu est grand. » Ce qui ne m'empêche pas d'être fermement catholique. Je ne tombe ni dans le relativisme ni dans le syncrétisme – à certains moments Dieu dépasse tous nos clivages !

Pendant que je m'occupe de Legouad, je continue à observer la situation et je vois les forces de l'ordre, les officiers de police judiciaire et le procureur prendre en main la situation. Le travail des enquêteurs débute et après quelques minutes, un inspecteur me demande de sortir du périmètre avec les hommes. Avec des bombes de peinture, il commence à marquer l'endroit où les corps sont tombés. Loïc est parti à l'hôpital, mais les corps d'Abel et Mohamed sont toujours au sol. Je bénis encore Abel, puis je reste quelques minutes à l'extérieur du cercle, ne serait-ce que pour parler avec les gars du régiment qui sont là depuis le début et tiennent les draps pour empêcher les journalistes de faire leur métier, mais aussi une sale besogne. Je discute avec chacun d'eux, une petite tape ou une accolade suffit à exprimer notre émotion, et je leur demande de ne pas quitter les lieux, quoi qu'on leur dise, tant qu'on aura un camarade au sol. Pas question que l'un d'eux soit tout seul au milieu des civils. Nous sommes militaires et en temps de guerre, nous relevons et nous emmenons nous-mêmes nos camarades tombés. Mais nous sommes sur le territoire national. Il ne s'agit pas, officiellement, d'un acte de guerre. Les règles sont différentes.

Je rentre à mon tour au régiment pour me mettre à la disposition du chef de corps. Sur le chemin, je téléphone à mon ami le docteur Gérard Chaput. Nous devions nous voir le week-end suivant pour travailler sur un projet de livre. Tout en restant allusif sur la tragédie – l'information vient à peine de sortir dans les grands médias – j'annule notre rendez-vous et me contente de lui dire la gravité de ce qui s'est passé et que nous avons des gars « au tapis ». Lorsqu'il prend de mes nouvelles, je lui réponds que « ça va » et nous convenons de nous rappeler le soir. Ma réponse me fait prendre conscience que je vis cette tragédie étrangement, sans orage émotionnel. D'habitude, j'ai horreur du sang. Or sur ce carrefour de Montauban, il y avait du sang partout. Pourtant, pendant toute cette séquence, j'étais resté dans une forme d'impassibilité émotionnelle qu'il ne faudrait surtout pas considérer comme de l'indifférence. Mon cœur pleurait devant mes pauvres gars qui étaient en train de trépasser. Je réalisais parfaitement ce qui se passait. J'ai voulu comprendre après cette forme de paix ressentie sur le moment. Était-ce de la reconstruction ? Cette paix ne pouvait pas venir de moi. Je connais l'explication qui repose sur les hormones et sécrétions, mais il réside en l'être une part profondément spirituelle qui peut agir, y compris sur ces différentes sécrétions que le corps et le cerveau sont capables de générer.

Ce que je crois, c'est que là, étendus au sol, ce ne sont pas mes gars qui sont allés vers la Croix, mais c'est la Croix du Christ qui est allée à leur rencontre. La paix inexprimable qui m'a habité est venue du Christ, par l'intercession de Marie. Elle est venue nous rejoindre, elle était avec nous, elle vivait ce drame avec nous. Elle était là, comme elle était, pour son Fils, au pied de la Croix.

La Vierge vient au cœur de la souffrance humaine pour la partager avec les hommes, ses enfants. Elle amène avec elle son propre Fils, parce que c'est son rôle spécifique. Ce Fils, c'est Dieu fait homme. Un homme passé par la Passion et la souffrance et qui a, Lui aussi, connu la mort. Il est là par Marie et Il revit Sa propre mort à travers eux. C'est un grand mystère. Sur le moment, je vis cela dans une espèce de fulgurance que j'exprime aujourd'hui de manière plus construite. Que je puisse désormais utiliser des mots implique qu'entretemps, quelque chose s'est cristallisé en moi. Et pourtant je ne peux pas tout dire, non pas que je veuille cacher quoi que ce soit, mais une part de ce qui s'est imprimé en moi demeure de l'ordre de l'indicible, car liée à l'effroi et à l'effraction commise par la mort dans mon être intime. Ce sentiment dépasse le cadre de l'affaire Merah. Je n'ai jamais pu amener un père, une mère, des enfants, une épouse et des frères d'armes auprès du corps de celui qu'ils aiment, mort dans un cercueil, et en ressortir indemne.

Le choc est d'une violence extrême et les circonstances encore très floues, le tueur étant parvenu à prendre la fuite. Comment le régiment s'est-il organisé dans les heures qui ont suivi la fusillade ?

Une cellule de crise se constitue rapidement et se réunit autour du chef du corps qui en prend la direction. Je suis pour ma part convaincu – et j'en parle avec des camarades – qu'il ne s'agit pas d'un crime crapuleux, mais que la tuerie est liée au conflit afghan. Le peu que j'ai pu voir et ressentir m'indique qu'il ne s'agit pas de l'œuvre d'un fou.

Quand on se retrouve au PC avec le chef de corps et ses adjoints, je partage cette conviction, appuyée par le meurtre d'Ibn Ziaten deux jours plus tôt. Forte de l'expérience que le régiment a hélas acquise avec le conflit en Afghanistan, la cellule de crise réagit avec un grand professionnalisme. Le chef de corps, monopolisé par ses échanges avec Paris et les autorités locales, est atterré par ces meurtres, mais il travaille sereinement. Il a confiance en ses subordonnés et sait que chacun tient son rôle avec efficacité. Nous entérinons le bilan : deux morts et un blessé dont le pronostic vital est très lourdement engagé. L'hypothèse d'un troisième mort dans les heures à venir est loin d'être écartée. Les premières informations sur les victimes commencent à tomber. Les noms et téléphones des familles nous parviennent, ainsi qu'une série d'informations qui nous seront précieuses dans nos échanges ultérieurs. Nous apprenons par exemple que Caroline, la fiancée de Chennouf, est enceinte. Que les parents de Loïc sont séparés et habitent à la Guadeloupe, ce qui pose des problèmes de décalage horaire. Que la famille de Mohamed est lyonnaise. Nous analysons tout cela pour préparer la suite.

Alors que chacun s'affaire, le colonel Poitou nous annonce la venue dans la soirée du ministre de la Défense, du préfet et du général commandant la brigade parachutiste, et nous demande de rester au régiment. Tout le monde se met au travail. Chacun oublie ses petites préoccupations pour se mettre au service du bien commun. Il faut rendre hommage à la réactivité des hommes qui installent en deux heures une collation impeccable pour accueillir les autorités. Ce laps de temps nous permet aussi de nous soutenir les uns les autres. Quelques bières sont ouvertes. En mangeant trois cacahouètes, chacun commence à mettre des mots sur ce qu'il ressent. Vers 22 heures, nous accueillons Gérard Longuet[4] qui nous réunit tous et salue chacun. Le ministre nous communique les derniers éléments qu'il est habilité à transmettre et nous confirme l'existence d'un lien entre l'assassinat du maréchal des logis-chef Ibn Ziaten à Toulouse et ce qui vient de se passer à Montauban. Sous le sceau de la confidentialité, il évoque aussi les premières pistes ouvertes par les caméras de surveillance de la ville. Nous prenons rapidement la collation préparée et vers 22 h 30, arguant avec intelligence que tout le monde doit être fatigué, il prend congé. Je peux alors rentrer dans ma chambre de cadre célibataire situé dans une autre caserne de Montauban. J'appelle le docteur Chaput qui me demande comment j'ai vécu cette journée. Ce débriefing à chaud permet d'éviter que ne s'enkystent trop profondément les chocs subis. À nouveau, je lui réponds avec un calme auquel je ne m'attendais pas. La nuit est courte. Dès le lendemain, il faut repartir aux nouvelles. Nous ignorions alors qu'une nouvelle tuerie se préparait, visant l'école juive Ozar-Hatorah de Toulouse.

Les circonstances n'ont rien à voir avec ce que vous aviez connu en accompagnant les morts d'Afghanistan. Mais vous êtes naturellement et pleinement impliqué dans ce drame. Quelle est la dimension pastorale de votre action ?

Nous nous renseignons rapidement pour chacun des gars afin de savoir de quel culte ils relèvent. Pour

---

4. Ministre de la Défense dans le gouvernement de François Fillon.

Loïc Liber, d'origine guadeloupéenne, ses camarades me confirment qu'il est catholique et baptisé. En raison de son prénom, je suppose que Mohamed Legouad est de confession musulmane, ce qui m'est vite confirmé. Concernant Abel Chennouf, j'ai pensé – du fait de son prénom – qu'il était peut-être israélite. Comme le rabbin de Montauban, André Elkiess, dessert les casernes de la ville, je lui passe un coup de téléphone pour savoir si Abel Chennouf est quelqu'un « de chez lui ». Il me répond par la négative et ce sont finalement les camarades d'Abel qui m'indiqueront qu'il est chrétien. La confirmation m'en sera faite lors de ma première visite à Caroline, sa compagne alors enceinte, avec qui il souhaitait se marier[5] : un crucifix est suspendu au mur de l'entrée de sa maison. En faisant ensuite connaissance avec la famille d'Abel, je découvrirai leur attachement au catholicisme en dépit de leurs origines en partie algériennes et musulmanes.

Toutes ces nuances échappent aux grands médias, ce qui nous agace profondément. Avec leurs œillères habituelles, ils placent les trois victimes dans un même lot. En dépit de toutes les évidences et sans vérifier leurs informations, ils décrètent que les trois victimes sont d'origine maghrébine, ce qui était faux pour Loïc, et de confession musulmane, ce qui était faux pour Loïc et Abel. Ce racisme inversé qui procède par amalgame amène ces médias à privilégier à chaud, sans la moindre enquête sérieuse, la fameuse « piste d'extrême droite ». Malgré ma foi chrétienne, je voudrais dire le mépris le plus profond

---

5. Sur dérogation, Caroline a depuis épousé Abel à titre posthume.

que j'éprouve à l'encontre de certains journalistes qui ont repris en chœur cette prétendue piste, mettant en cause des camarades parachutistes. Ils ont fait preuve d'une indignité absolue et ont donné une image honteuse de leur profession : celle, parfois trop vraie, d'une corporation de charognards. Aucun rectificatif n'a jamais été publié depuis. Cet épisode pose beaucoup de questions sur la manière dont le journalisme est pratiqué dans notre pays, sur son indépendance réelle et sur l'absence trop fréquente de déontologie au sein de cette profession.

De notre côté, la situation est claire. Mohamed étant de confession musulmane, ses parents étant pratiquants, l'aumônier musulman de la brigade parachutiste prend en main la dimension cultuelle et l'accompagnement de la famille Legouad. Je vais donc m'attacher tout particulièrement à Loïc, Abel et leurs familles. Concernant Loïc, je prépare le mieux possible l'accueil de ses parents qui sont très choqués. Denis Bertin, un laïc-aumônier catholique[6], basé à Toulouse, à qui j'ai confié l'accompagnement spirituel et humain de la famille Liber, m'apporte un appui remarquable. Je me souviens avec précision et émotion de la première visite des parents de Loïc à l'hôpital Rangueil de Toulouse où il était en réanimation. C'était le soir, les chirurgiens l'avaient stabilisé. Nous étions quatre : la mère et le père de Loïc, le chef de corps et moi-même. C'est un moment très douloureux.

---

6. Au 1ᵉʳ octobre 2012, l'aumônerie catholique des armées comptait 140 prêtres, 29 diacres et 59 laïcs. Trois statuts existent : aumônier à titre militaire, aumônier au titre de la réserve opérationnelle, aumônier au titre de la réserve citoyenne.

Les médecins utilisent un vocabulaire complexe qu'il faut littéralement traduire pour faire comprendre aux parents de Loïc que l'état de leur fils est gravissime, et que nul ne peut encore dire s'il survivra. Je garde un souvenir ému et profond de l'entrée de sa mère, qui est une femme de foi, se dirigeant vers lui en prononçant ces mots si beaux des Français des îles : « Mon Doudou, mon Doudou, ta maman est là, tu vas tenir le coup. »

Grâce à Denis Bertin – qui m'avait aussi apporté une aide précieuse lorsque survinrent tous les morts d'Afghanistan, qu'il en soit ici encore remercié – et à l'accompagnement qu'il assure auprès de la famille de Loïc, je peux me consacrer à celui d'Abel et à la préparation de ses obsèques qui furent malheureusement l'occasion d'incompréhensions et d'une colère que je partage avec Albert, le père d'Abel[7]. Cette colère, qui n'est toujours pas passée, est causée par une série de tartufferies dans lesquelles on semble se complaire aux niveaux les plus visibles de notre pays. Nous sommes alors en pleine campagne électorale. Une cérémonie d'hommage national, présidée par le président de la République, est organisée le 21 mars. Tous les candidats doivent y assister. Cet énorme « barnum » républicain, peut-être favorisé par les circonstances politiques, revêt cependant un aspect positif pour les familles et pour nous-mêmes. Il symbolise, dans un moment aussi cruel, la solidarité du pays avec ses militaires. Or le matin même de cette cérémonie est aussi prévue la messe d'obsèques d'Abel, célébrée dans

---

7. Albert Chennouf, *Abel, mon fils, ma bataille*, Éditions du Moment, 2013.

la cathédrale de Montauban par Mgr Bernard Ginoux, l'évêque de Montauban et Mgr Luc Ravel, l'évêque aux armées[8]. Difficile de faire plus officiel. Pourtant, à part le préfet du Tarn-et-Garonne et quelques élus locaux, pas un homme politique d'envergure nationale n'a éprouvé le besoin de venir assister à cet office catholique, alors que tous se rendront à la mosquée de Lyon pour les obsèques religieuses de Mohamed, ce dont je suis objectivement très heureux pour la famille Legouad. *Summum* de l'absurde, je tiens de source sûre que certains candidats s'interdisent même d'aller à cette messe pour ne pas être taxés de récupération. Notons enfin qu'il n'y a quasiment pas de suivi médiatique de la cérémonie. Cette différence de traitement m'interroge sur une certaine forme de « neutralité » républicaine. Qu'on ne lise pas dans mes propos une quelconque prise de position politique. Je rappelle qu'à l'époque, le pouvoir est assumé par un gouvernement de droite sans doute mieux disposé à l'égard de l'église catholique que le gouvernement qui lui a succédé et dont les positions sont connues de tous. Pourtant, malgré ces petitesses qui ont ulcéré les militaires et leurs familles, nous nous efforçons de vivre l'accompagnement d'Abel dans la foi et le recueillement, jusqu'à son inhumation au cimetière de Manduel[9].

---

8. Il a succédé à Mgr Le Gal en 2009.
9. Lire l'homélie prononcée par l'abbé Venard en annexe 2.

Vous n'avez pas encore prononcé le nom de Mohamed Merah. Êtes-vous frappé par les similitudes qui existent entre les profils du tueur et de ses victimes ?

C'est la question du creuset de la nation, et donc de l'intégration, qui se pose ici avec ces trois garçons jeunes et d'origine maghrébine : les deux Mohamed et Abel. Imad Ibn-Ziaten est bien sûr présent dans mes pensées, mais je demeure cantonné au cadre du drame de Montauban. Leurs itinéraires sont radicalement opposés. L'un permet à Legouad et Chennouf d'intégrer pleinement la société française. L'autre conduit Merah à vouloir détruire ses enfants – ceux de l'école Ozar-Hatorah – et ses soldats. Comment interpréter un tel gouffre ? Mohamed Legouad et Abel Chennouf ont montré qu'être français ne se réduit pas à un simple morceau de papier, qu'appartenir à une nation est tout sauf anodin. Peut-être que des familles françaises depuis des générations n'y pensent plus assez. Ce n'était pas leur cas. L'armée fut pour Mohamed et Abel un véritable creuset qui n'a pas gommé pour autant leurs spécificités personnelles. Mohamed Legouad est issu d'une famille intégralement venue de l'immigration, très attachée à son pays d'origine, à sa culture et à sa religion, comme en témoignent, par exemple, ses sœurs qui portent le voile. Abel Chennouf, pour sa part, est aux trois quarts originaire du Maghreb – sa grand-mère paternelle est alsacienne – et sa famille s'est rattachée à la foi catholique. Mais dans les deux cas, en rejoignant l'armée – ce qui ne fut pas simple dans le cas de Mohamed – ils se sont rattachés à l'histoire de la France. Abel et Mohamed sont étymologiquement des symboles : « ceux qui unissent ». Mohamed Merah

257

est un symbole inverse, celui de l'échec patent de dizaines d'années d'une pseudo-politique d'intégration qui a généré dans nos banlieues nos propres terroristes.

L'armée française a été capable de prendre deux garçons et d'en faire la fierté de leurs parents, de leur régiment et de leur pays, dans des conditions particulièrement atroces. On pourrait citer des dizaines et des dizaines d'autres Abel et Mohamed qui servent aujourd'hui dans les armées, dont certains sont des blessés graves d'Afghanistan, et dont on ne parle jamais. Leur exemple pose une question à notre pays. Si nous voulons enfin définir une vraie politique d'intégration, pourquoi ne pas prendre les modèles là où ils réussissent ? Pourquoi ne pas transposer ailleurs – en particulier dans l'Éducation nationale – ce qui fonctionne dans les armées ?

Au cours de ce drame, vous avez été très impressionné par la personnalité des femmes que vous avez croisées : mère, fiancée ou sœur. Quelques mois après la tuerie, la princesse Caroline de Monaco est devenue la marraine du 17ᵉ RGP. Que dire de ces figures féminines qui furent importantes pour les hommes ?

La princesse Caroline et moi-même sommes amis depuis quelques années. Nous sommes devenus intimes grâce à une amie commune qui avait perdu son fils unique dans des conditions tragiques et dont je m'étais occupé. Cela m'avait alors rapproché d'elle et de ses enfants. La famille princière monégasque a été frappée par mon expérience des morts d'Afghanistan, y compris le prince Albert qui prenait de mes nouvelles pour savoir si je tenais le coup. Rendre hommage à nos soldats, à mes camarades, est un sentiment qui me tient à cœur. L'idée va donc surgir, du fait de ces relations privilégiées, de demander à la princesse Caroline si elle accepterait, forte de toute sa notoriété, de devenir la marraine du 17e RGP. C'est une tradition ancienne et toujours d'actualité : chez les paras, la princesse Napoléon est ainsi la marraine du 13e RDP[10]. Sur le ton de la légèreté, j'en ai donc parlé un jour à la princesse Caroline qui, à ma grande surprise, a pris cela très au sérieux et a accueilli favorablement ma proposition. J'ai alors rendu compte au chef de corps et c'est ainsi que ce « marrainat » s'est institué. L'affaire Merah a repoussé de plusieurs semaines la conclusion de ce projet car la princesse ne voulait pas que l'on se méprenne sur le sens de ce geste : ce n'est en aucun cas une action « people » surfant sur la vague de l'actualité. C'est donc en juin 2012 que l'officialisation de ce marrainat s'est déroulée. Ce que représente la princesse Caroline prouve aux hommes du régiment qu'ils ne sont pas n'importe qui. En acceptant de devenir la marraine du 17e RGP, la princesse Caroline, qui sait, par sa propre vie, ce que peuvent être le malheur et la mort, honore en particulier les sacrifices du régiment. Outre les tués d'Afghanistan et les victimes de Merah, le régiment déplore des morts très régulièrement depuis longtemps du fait de ses spécialités, en particulier le déminage. Le monument aux morts régimentaire en témoigne[11].

---

10. Régiment de dragons parachutistes.

11. Il porte inscrit à son fronton : « L'honneur est le capital des morts dont les vivants n'ont que l'usufruit ».

Dans l'univers parachutiste, où les femmes sont rares, j'ai pu noter l'importance essentielle qu'elles revêtent pour les hommes du régiment. J'ai été frappé par les nombreuses femmes que j'ai croisées au cours de ces drames, en particulier lors de l'affaire Merah, qu'il s'agisse de la mère de Legouad, de la mère d'Ibn Ziaten, de la mère de Chennouf. Nous avons besoin de ces figures féminines. Au travers du marrainat, c'est aussi de manière très symbolique ce qu'apporte la princesse Caroline. Elle l'a dit à nos parachutistes et aux familles de nos blessés et de nos morts : « J'ai connu la mort autour de moi, j'ai connu le veuvage, et cela me rapproche aussi de vous. Je sais aussi quelles sont les difficultés auxquelles vous êtes confrontés. » Aujourd'hui, quand nous évoquons le régiment, elle parle des parachutistes en disant « mes gars ». Quand elle prend de leurs nouvelles, elle demande comment vont « les garçons », expression qu'elle utilise pour ses propres fils. De même, les parachutistes, avec qui elle échange en toute simplicité lorsqu'elle vient à la rencontre du régiment, ne l'appellent pas « Altesse » ou « Madame », mais « Marraine ».

Le régiment a-t-il réussi à panser ses plaies après tous ces deuils ?

Dans son fonctionnement ordinaire, le 17e RGP, qui est un très beau régiment, a surmonté ces morts, y compris celles qui sont les plus odieuses, parce que les plus inattendues. Mourir comme militaire en accomplissant son devoir, sur le théâtre d'opérations, a quelque chose de plus logique, de moins choquant, que de finir assassiné, à cause de son uniforme, sous la main d'un terroriste sur le territoire national.

Les esprits des hommes sont cependant toujours très marqués. La première conséquence a trait à l'islam. Qu'on le veuille ou non, Mohamed Merah est venu tuer au nom de l'islam. On peut utiliser tous les adjectifs, parler d'un islam radical, djihadiste ou fondamentaliste, on peut dire que Merah était un fou qui n'avait rien compris, il n'empêche qu'il a accompli ses actes odieux au nom de sa religion. Cela laisse des traces dans la manière dont les parachutistes voient l'islam et même chez leurs propres camarades de religion musulmane. Il nous faut arriver à vivre avec cela. La seconde conséquence réside dans le fait que nous n'avons pas pu vivre toutes ces morts sans nous sentir tous touchés, collectivement et individuellement. Désormais, chacun ressent de manière encore plus aiguë chaque accident grave qui survient au régiment. La tuerie perpétrée par Merah a sûrement renforcé notre cohésion et même – les militaires ne le diront jamais mais un padre le peut – l'affection que nous nous portons les uns aux autres. L'honneur du parachutiste comme de tout militaire, est de demeurer présent pour remplir la mission au-delà du ressenti.

CONCLUSION

Meurtri par la violence inhérente à l'expérience militaire, interpellé par l'âpreté du débat contemporain, travaillé par ses propres enthousiasmes et incertitudes, l'abbé Christian Venard est confronté de plein fouet à son temps et à lui-même. Comment fait-il pour tenir bon ? Croire en Dieu, être son prêtre, suffisent-ils à rendre heureux ?

✳✳✳

Nous achevons ces entretiens dans la beauté du Périgord. Dans votre maison, il y a une épinette, des gravures anciennes et des tableaux contemporains. L'art semble occuper une place importante dans votre vie. Pourquoi ?

Je songe à la célèbre formule de Boris Vian : « L'humour est la politesse du désespoir » que j'applique volontiers à la beauté. La recherche du beau et l'esthétique au sens noble du terme – je ne parle pas de l'esthétisme esthétisant, « fin de siècle » – sont des manières de contrecarrer dans ma vie le désespoir qui peut parfois me saisir quand je me regarde ou que mon regard se porte sur mes contemporains, sur certains de ceux que je côtoie et sur tous les « malfaisants » dont nous parlent les médias jour après jour. Dans la vie, cette recherche du beau et de l'harmonie est une planche de salut et une autre façon de me diriger vers Dieu.

Le mal est l'introduction d'une série de dysharmonies dans la création que Dieu a voulue. Comme le rappelle le récit de la Genèse, la laideur, la souffrance et la mort sont entrées dans le monde par le péché de l'homme. Ce mouvement n'est pas une fatalité. Les grands philosophes de l'Antiquité rappellent que la recherche du beau, du bien et du vrai sont autant de moyens qui nous amènent vers l'absolu et la connaissance du vrai Dieu. Ce fut une vraie révolution philosophique, fragilisant irrémédiablement le socle sur lequel était établie cette multitude de dieux anthropomorphes, de Zeus à Apollon en passant par Aphrodite, tous empêtrés dans des petites querelles ridicules et très bourgeoises.

La pensée moderne s'accompagne bien souvent d'une forme d'art déstructuré. Chez un certain nombre d'artistes modernes et contemporains, la dysharmonie qui transparaît nous met mal à l'aise. Ces œuvres sont incontestablement des œuvres d'art, car un génie humain s'y exprime, mais j'y lis quelque chose qui me renvoie à ma propre déstructuration. Il est évident, en revanche, que si j'écoute une pièce de Rameau, de Couperin, de Bach, mais aussi des compositeurs plus récents comme Stravinsky, Poulenc, Messiaen et même Boulez dont les musiques ne sont pas faciles d'accès, quelque chose me construit. La véritable esthétique et l'harmonie que je recherche dans ma vie déclenchent une forme d'apaisement. J'emprunte alors une des petites voies qui peut me structurer et me mener à l'apaisement, au retour vers l'intériorité et au silence, et à travers cela, à un retour vers Dieu.

Dans ma petite thébaïde périgourdine, je travaille sans cesse à désherber des plates-bandes et je récompense cette tâche le soir par une bonne bière belge et quelques minutes à contempler le soleil couchant. Au-delà de l'harmonie qu'il m'apporte, ce lieu de paix me permet d'absorber les chocs violents que je peux subir dans mon ministère, comme ce fut le cas avec les morts d'Afghanistan ou l'affaire Merah. Déjà, à l'époque où je desservais le 3ᵉ RPIMa et le 1ᵉʳ RCP, j'avais loué un magnifique presbytère au diocèse de Carcassonne dans une région merveilleuse, l'Aude, le pays de saint Dominique. Il était doté d'une vue splendide sur toute la montagne noire, Carcassonne d'un côté, Castelnaudary de l'autre. Au regard de ce que vit l'aumônier militaire, il est très important que son lieu de vie lui permette de goûter repos et détente. Quand je pousse la porte de chez moi, je veux laisser derrière un monde rude et fruste, physiquement, psychologiquement et moralement pesant.

D'un point de vue plus sacerdotal, l'harmonie est aussi le lieu de la liturgie qui est un don de Dieu. Elle est la manière dont Dieu entend que nous Lui rendions gloire, que nous Le retrouvions, que nous nous adressions à Lui. Tout doit être fait pour que la liturgie soit harmonieuse, pour qu'elle nous introduise le plus facilement possible auprès de Dieu par la beauté et l'harmonie retrouvées. Les gestes, les objets, le lieu, les enchaînements, la diction doivent y concourir. Rien ne doit être négligé parce que la liturgie est déjà une anticipation, une préfiguration et même une participation actuelle à la liturgie céleste, célébrée depuis toute éternité dans l'harmonie totale autour de Dieu.

Au moment d'achever ces entretiens me vient une question toute simple : êtes-vous un prêtre heureux ?

Suis-je heureux ou malheureux ? C'est une question que je ne me pose plus. D'abord parce que j'aurais trop souvent tendance à répondre de manière égocentrique que je suis malheureux et désespéré, tout en me disant qu'au regard de Celui en qui je crois, un tel état d'esprit est une erreur fondamentale. Ensuite, parce que j'estime que cette question n'a pas de sens. C'est la vie. Saint Martin de Tours[1], sur son lit de mort, disait qu'il était trop heureux de partir, mais ajoutait aussitôt que si le Seigneur pensait qu'il devait encore travailler dans sa Vigne, il y serait prêt. Toutes les épreuves – il y en a beaucoup dans une vie d'homme – induisent que la question du bonheur est une fausse question. La vraie question est de savoir si l'on veut vivre ou non. Est-ce que j'accepte de prendre le risque de vivre ? Si j'accepte de prendre ce risque, les moments heureux et les moments malheureux seront inévitables. Ce dont je suis certain, c'est que dans ce pauvre monde touché par le péché, le mal et la dysharmonie, il y aura sans doute plus de choses difficiles à vivre que de choses faciles. J'en reviens à nouveau aux paroles du Christ : « Je

---

1. Saint Martin de Tours (316-397). Né dans l'actuelle Hongrie, officier romain, considéré comme l'un des principaux évangélisateurs de la Gaule.

vous envoie comme des brebis au milieu des loups[2] » ;
« Celui qui m'aime, qu'il prenne sa croix[3] ». À l'opposé
de ce que l'on dit parfois, le christianisme n'est pas
une secte qui a réussi. Les sectes promettent toujours
un bonheur immédiat. Pas le christianisme qui promet
un bonheur futur avec Dieu. Le Christ en croix dit au
bon larron, crucifié à ses côtés : « Ce soir, tu seras avec
moi au paradis[4]. » Toute notre foi repose sur cette promesse. Pour retrouver le Christ, comme le dit le *Salve
Regina* récité chaque soir à complies par l'immense
majorité des moines occidentaux, il nous faut passer
in hac lacrymarum valle, c'est-à-dire « dans cette vallée
de larmes ». Au cours des siècles, l'ingéniosité de l'être
humain a permis de rendre le passage dans cette vallée
de larmes un petit peu moins pénible, mais le chemin
demeure encore très escarpé.

Je songe à une chanson de Barbara : *Le mal de vivre*.
Comme elle, certains matins, en me levant, je sens une
pesanteur et une tristesse en moi, venues des épreuves
subies, ou de la tristesse que je vois chez d'autres.
D'autres matins ou d'autres soirs, j'ai le sourire aux
lèvres et *la joie de vivre*. Parfois, je trouve que ce fardeau
est lourd, parfois infiniment trop lourd. La foi chrétienne n'est pas un euphorisant. C'est tout le paradoxe
du chrétien, et plus encore du prêtre qui doit entrer
pleinement dans la pâte humaine, avec tout ce que cela
implique de souffrances et de pesanteurs, afin d'en deve-

---

2. Mt 10, 16.
3. Mt 16, 23.
4. Lc 23, 43.

nir le levain. Dans ces conditions, je n'ai pas le droit de baisser les bras. Quelque chose au fond de moi me dit que si je ne me lève pas pour aller rejoindre l'autre, je ne correspondrai pas à ce que le Christ lui-même a fait – rejoindre l'humanité – et à la charge qu'Il m'a confiée : être l'un de ses instruments.

La dimension sombre et résignée de votre propos me frappe. Je songe à une phrase lancée par le pape François à Aparecida, lors des dernières JMJ au Brésil : « Un chrétien n'est jamais triste. » Malgré tout, vous reconnaissez-vous dans cette injonction ?

Le pape prêche pour une forme de réalisme chrétien. Nous avons le droit spirituellement et psychologiquement de dire parfois que nous n'allons pas bien. Non seulement nous avons ce droit, mais je crois même que c'est nécessaire. Par bonheur, une transcendance dépasse tout cela. S'il m'arrive d'éprouver de la joie – joie de voir la foi dans une famille, joie d'avoir pu transmettre –, à travers elle, c'est quelque chose du Christ qui se dit, même de façon parfois très diffuse. Quand une section de paras me dit qu'elle a été heureuse de me recevoir le temps d'une soirée en opex, ma joie ne trouve pas sa source dans ma gloriole personnelle, mais dans le fait de me dire que quelque chose du Christ est passé à travers moi. Par mon péché, je suis un traître au Christ, mais comme je suis l'un de ses prêtres, Il a bien voulu faire passer quelque chose de Lui, ce soir-là, à travers moi.

CONCLUSION

La foi n'est pas une idéologie. Elle ne vend pas du bonheur. L'être humain y est libre, responsable de ses choix, pécheur et blessé, et la foi nous invite à toujours avancer. On en revient toujours à la prière de Mère Térésa : « La vie est une aventure, ose-la ! »

POSTFACE

16 août 2013, il est 7 heures.

J'observe le soleil levant jouer avec les dernières ombres de la nuit, se faufiler entre les cyprès et les lavandes, s'infiltrer au travers du feuillage du tilleul centenaire. Une tasse de café italien est posée près de l'ordinateur. Les baffles de la chaîne diffusent en sourdine un des concertos pour deux clavecins de Bach. Tout respire la tranquillité. Hier, nous avons fêté l'Assomption, dignement, en famille et avec quelques amis de passage, dans cette chapelle que j'ai eu la joie de pouvoir construire.

Ce matin, en me remettant au travail plusieurs questions me taraudent… En fait elles me poursuivent depuis bien des nuits…

Au moment d'achever ce livre, me suis-je avancé, libre, vers la vérité ? Est-ce bien par gratitude pour tout ce que j'ai pu recevoir et par désir de rendre hommage à tous ceux qui le méritent tant que je me suis livré à ce témoignage ? N'ai-je pas recherché quelque vaine gloire ? Doute offert dans une humble prière confiante au Seigneur. Doute offert au lecteur. Un passage de la Bible m'invite à dépasser cela : « *Duc in altum* », « Avance au

271

large[1] ! » Cesse de te retourner sur toi-même et file vers les nouveaux horizons – la journée qui débute, le prochain qui t'attend, que sais-je ? – mais avance ! Me revient aussi en mémoire ces paroles d'Édith Stein : « Quand la nuit vient et qu'on s'aperçoit de sa propre lassitude, des choses angoissantes, révoltantes, il faut alors tout prendre tel quel, le déposer dans les mains de Dieu et s'en remettre à Lui. C'est ainsi que l'on pourra se reposer en Lui et commencer une nouvelle journée comme une nouvelle vie[2]. » Une nouvelle vie...

Un autre sentiment m'envahit alors : la peur de m'être trop livré. Ai-je fait miennes les règles que le pape Jean XXIII s'était personnellement fixées ? « Peu de confidences sur ce qui peut faire souffrir ; beaucoup de discrétion et d'indulgence en jugeant les hommes et les situations ; m'efforcer de prier spécialement pour ceux qui me font souffrir ; et puis en toute chose une grande bonté, une patience sans limite, en me souvenant que tout autre sentiment n'est pas conforme à l'esprit de l'Évangile et de la perfection évangélique. Je me laisserai écraser, mais je veux être patient et bon jusqu'à l'héroïsme[3]. » Ai-je vraiment suivi ce cap ? C'est le Seigneur Jésus lui-même qui donne l'exemple : se donner, jusqu'au bout. « Il n'y a pas de plus grand amour que de donner sa vie

---

1. Lc 5, 4.
2. Édith Stein (1891-1942), en religion Thérèse-Bénédicte de la Croix. Philosophe allemande proche d'Husserl, juive, elle se convertit au catholicisme et entre au carmel. Elle meurt déportée à Auschwitz-Birkenau. Canonisée en 1999. Sainte patronne de l'Europe.
3. *Journal de l'âme. Écrits spirituels*, Le Cerf, 1965.

pour ceux qu'on aime[4] », dit-Il. Les soldats, qu'ils en soient morts, qu'ils se retrouvent blessés à vie ou qu'ils se donnent au jour le jour, vivent cette parole dans leur chair. Ce livre veut leur rendre hommage. Tant de confidences qui m'ont parfois coûté. Du désarroi en particulier. Avec l'amicale complicité de Guillaume Zeller, je suis venu avec ses questions et j'ai livré une part de mon histoire, dussé-je parfois choquer, ou agacer, faire sourire ou pleurer. « Le mal ne vient pas des vérités qu'on publie, mais des vérités qu'on déguise », disait le marquis de Custine[5]. Cependant, le don de soi, à travers ces lignes n'est-il pas une manière modeste de m'associer au sacrifice de ces hommes ?

Oserons-nous avancer au large ? Sortir de l'engrenage de notre individualisme forcené ? « Cultivons notre jardin », recommandait Voltaire. Oui, mais pour mieux en sortir à la rencontre de nos frères ! Il ne s'agit peut-être pas tout de suite de s'engager chez les paras et de se faire tuer au front pour y parvenir ! Non… Juste accepter de chercher au quotidien la vérité ; juste vouloir, chaque matin avancer d'un pas, ferme ou chancelant, peu importe mais avancer ; tenter de vivre droitement, sans découragement, quoi qu'il puisse en coûter ; refuser la médiocrité et le mensonge. Dans le métier d'homme, il y a un héroïsme du quotidien. J'aime cet extrait d'un livre de Christian Bobin : « Thérèse d'Avila, lorsqu'elle faisait à manger pour ses sœurs, veillait à la bonne cuisson d'un plat et concevait dans le même temps des pensées éblouissantes

---

4. Jn 15, 13.
5. *Voyage en Russie*, 1848.

de Dieu. Elle exerçait alors cet art éblouissant qui est le plus grand art : jouir de l'éternel en prenant soin de l'éphémère[6]. »

Ça y est, le soleil vainqueur a chassé les torpeurs et les doutes de la nuit. La journée s'annonce chaude. Les premières abeilles bourdonnent, les premiers papillons, éclats de couleurs vives sur fond bleuté des lavandes et des poivriers font leur apparition. Nouveau tempo. Je m'installe à l'épinette et me mets à pianoter quelques mesures du *Fandango* de Padre Soler[7]. Surgit alors dans mon esprit ces lignes extraites d'une épître de saint Paul : « *Et hoc scientes tempus quia hora est iam nos de somno surgere...* » Le texte n'a rien perdu de sa force : « Vous savez quel temps nous vivons : c'est l'heure de nous réveiller enfin du sommeil, car maintenant le salut est plus près de nous qu'au moment où nous avons cru. La nuit est bien avancée, le jour approche. Débarrassons-nous donc des œuvres des ténèbres et revêtons les armes de la lumière[8]. »

> Si tu crois en ton destin,
> si tu crois aux lendemains,
> l'ami faut pas hésiter,
> prends ton sac et viens sauter[9] !

---

6. Christian Bobin, *L'Éloignement du monde*, éditions Lettres Vives, 1993.

7. Antonio Francisco Javier José Soler Ramos (1729-1783), plus connu sous le nom de Padre Soler. Religieux espagnol, compositeur, organiste et claveciniste.

8. Rm 13, 11-14.

9. Chant régimentaire du 3e RPIMa.

SIGLES ET ABRÉVIATIONS

ALAT : Aviation légère de l'armée de terre
APRONUC : Autorité provisoire des Nations unies au Cambodge
AQMI : Al Qaïda au Maghreb islamique
BA : Base aérienne
BATALAT : Bataillon de l'aviation légère de l'armée de terre
BOMAP : Base opérationnelle mobile aéroportée
BOI : Bureau opérations et instruction
BP : Brigade parachutiste
BSAM : Bataillon de soutien aéromobile
DBLE : Demi-brigade de Légion étrangère
DEA : Diplôme d'études approfondies
EM : État-major
EMCTA : École militaire du corps technique et administratif
EMIA : École militaire interarmes
EMSST : Enseignement militaire supérieur scientifique et technique
ESM : École spéciale militaire
ETAP : École des troupes aéroportées
EVAT : Engagé volontaire de l'armée de terre
FAFN : Forces armées des Forces nouvelles
FANCI : Forces armées nationales de Côte d'Ivoire
FINUL : Force intérimaire des Nations unies au Liban
FOB : *Forward operating base* – Base opérationnelle avancée

FORPRONU : Force de protection des Nations unies.

GLCAT : Groupement logistique du commissariat de l'armée de terre

GTIA : Groupement tactique interarmes

GsBdD : Groupement de soutien de base de défense

IED : *Improvided explosive device* – Mine artisanale

IFOR : *Implementation force*

MEJ : Mouvement eucharistique des jeunes

MINUK : Mission d'administration intérimaire des Nations unies au Kosovo

Opex : Opération extérieure

PC : Poste de commandement

PTSD : *Post-traumatic stress disorder* – Syndrome de stress post-traumatique

RCP : Régiment de chasseurs parachutistes

RDP : Régiment de dragons parachutistes

REP : Régiment étranger de parachutistes

RG : Régiment du génie

RGP : Régiment du génie parachutiste

RIMa : Régiment d'infanterie de marine

RMAT : Régiment du matériel

RPC : Régiment de parachutistes coloniaux

RPCS : Régiment parachutiste de commandement et de soutien

RPIMa : Régiment parachutiste d'infanterie de marine

RTP : Régiment du train parachutiste

SAS : *Special Air Services* – Services spéciaux britanniques

SCA : Service de commissariat des armées

TAP : Troupes aéroportées

VAB : Véhicule de l'avant blindé

REPÈRES CHRONOLOGIQUES

1966 Naissance à Stains
Versailles, Châteauroux, Charleville-Mézières, Montauban Ris-Orangis, Évry

1977 Arrivée à Rennes

1983 Baccalauréat C
Paris, études supérieures

1988-89 Service militaire à Paris
Création de l'ESAD (École supérieure d'assistanat dentaire)

1992 Entrée au Séminaire pontifical français de Rome

1997 29 juin : ordination sacerdotale à Metz
Dernière année d'étude à Rome

1998 1er septembre : nomination comme aumônier militaire à Toulouse : 14e RPCS, BOMAP[1], EM 11e BP, 4e GLCAT[2], BA 101

1999 Juin à novembre : Kosovo (ouverture du théâtre avec le 3e RPIMa puis avec le 1er régiment d'hélicoptères de combat)

---

1. Base opérationnelle mobile aéroportée.
2. Groupement logistique du commissariat de l'armée de terre.

2000   Octobre-février 2001 : Kosovo (avec le 3ᵉ régiment du génie – BATGEN 5)

2001   1ᵉʳ août : mutation au 3ᵉ RPIMa (Carcassonne) et au 1ᵉʳ RCP (Pamiers)
Août-janvier 2002 : Liban (FINUL avec le 6-12ᵉ régiment de cuirassiers)

2002   Septembre-novembre : Afghanistan (avec le 1-11ᵉ régiment de cuirassiers)
Novembre-février 2003 : Côte d'Ivoire (ouverture du théâtre avec le 1ᵉʳ RCP et l'EM 11ᵉ BP)

2003   Juin-octobre : Afghanistan (avec le 3ᵉ RPIMa)

2005   1ᵉʳ août : mutation au 3ᵉ RPIMa (Carcassonne) et à l'EM 11ᵉ BP (Toulouse)

2007   Février-mai : Liban FINUL2 (avec le 501-503ᵉ régiment de chars de combat)
1ᵉʳ septembre : mutation aux Écoles de Saint-Cyr (Coëtquidan)

2009   27 juillet : mutation sur la base aérienne 112 de Reims

2010   1ᵉʳ janvier : mutation à la base de défense de Montauban (GsBdD³, 17ᵉ RGP, 3ᵉ RMAT⁴, 9ᵉ BSAM⁵, 31ᵉ RG)

2011   Accompagnement des morts de la 11ᵉ BP d'Afghanistan
1ᵉʳ juin : Guillaume Nunès-Patégo du 17ᵉ RGP
18 juin : Florian Morillon du 1ᵉʳ RCP
25 juin : Cyrille Hugodot du 1ᵉʳ RCP

---

3. Groupement de soutien de base de défense.
4. Régiment du matériel.
5. Bataillon de soutien aéromobile.

13 juillet : Thomas Gauvain et Laurent Marsol du 1er RCP, Emmanuel Técher et Jean-Marc Guéniat du 17e RGP. Avec eux Sébastien Vermeille du SIRPA Terre.

7 septembre : Valéry Tholy du 17e RGP

2012   15 mars : attentat de Mohammed Merah à Montauban

Octobre-décembre : Tchad (avec le 21e régiment d'infanterie de marine)

2013   Janvier-février : Mali (ouverture du théâtre avec le 21e RIMa et les éléments de la 11e BP venus de Côte d'Ivoire)

ANNEXES

Annexe 1

HOMÉLIE POUR LES OBSÈQUES RELIGIEUSES DE PARACHUTISTES MORTS EN AFGHANISTAN

Emmanuel Técher (Souzay-Champigny – mercredi 20 juillet 2011)
Jean-Marc Guéniat (Narbonne – jeudi 21 juillet 2011)
Laurent Marsol (Muret – vendredi 22 juillet 2011)[1]

en grande union avec leurs frères d'armes et de sacrifice
Guillaume Nunès Patégo – Florian Morillon – Cyrille Hugodot –
Thomas Gauvin[2]

Morts au Champ d'Honneur

Guillaume Nunès-Patégo, caporal-chef au 17ᵉ RGP, puis
Florian Morillon, caporal-chef du 1ᵉʳ RCP, Cyrille Hugodot,

---

1. Ces trois hommes, tués lors de la *shura* du 13 juillet 2011 (cf. *supra* p. 131), ont été enterrés successivement, en trois jours consécutifs, par l'abbé Christian Venard qui a rédigé cette homélie à cette occasion.

2. L'abbé Christian Venard associe ces trois hommes qui appartiennent également à la 11ᵉ BP. Les deux premiers ont été tués auparavant et les obsèques de Thomas Gauvin, tué lors de la *shura*, n'ont pas été célébrées par lui.

caporal-chef au même 1er RCP et maintenant, sept de plus[3], à avoir donné leur vie en Afghanistan. Dont quatre encore de notre 11e BP, Thomas Gauvin, capitaine du 1er RCP, Emmanuel Técher, adjudant-chef du 17e RGP, Laurent Marsol, adjudant-chef du 1er RCP, Jean-Marc Guéniat, adjudant-chef du 17e RGP. Oui, mes amis, trop de noms viennent en un mois et demi endeuiller nos cœurs. Et les mots nous semblent si faibles… Si dérisoires. Et pourtant, il faut parler en leur nom. Car maintenant qu'ils sont privés de leurs voix, ils nous haussent et nous poussent par leur dignité de fils de France morts au combat pour la patrie !

Tout au long de ce mois et demi empourpré de leur sang, me revenait cette citation d'un de nos grands anciens d'Indochine : « N'entends-tu pas la perfide objection : à quoi bon tous ces morts ? Il est vrai que la guerre ne nous a pas apporté la paix de ce monde. Il est vrai que nous avons perdu Dien Bien Phu. Mais en ceci tu vois cette erreur moderne qui juge la valeur d'un acte d'après le succès visible. C'est la morale du boutiquier. La valeur d'une action est celle que Dieu lui décerne. Pour Dieu, seul compte le courage et l'héroïsme mis au service de ses frères, du pays, de la charité. Quel que soit le résultat visible ! Mourir pour la communauté nationale est un acte héroïque de charité, qui hisse les êtres au-dessus des horreurs de la guerre. »

Oui, ils sont morts en héros de la charité ! Et pourtant, il aura fallu que sept d'entre eux tombent la même semaine sur cette terre afghane pour qu'enfin, un sursaut d'honneur et de reconnaissance vienne à s'exprimer par la voix du chef

---

3. Lors de la cérémonie organisée le 18 juillet 2011 aux Invalides, sept cercueils ont été honorés. Les cinq des tués lors de la *shura* du 13 juillet, mais aussi celui du brigadier-chef Clément Kovacs, mort accidentellement le 11 juillet, et celui du maître Benjamin Bourdet du commando Jaubert, tué le 14 juillet.

de l'État ! Sept d'un coup pour que, enfin, il semble que la société française ait à cœur de reconnaître ses héros ! Est-ce si dur ? Oui, mes amis, car trois conditions sont nécessaires pour qu'un pays, une nation, une communauté puisse reconnaître l'héroïsme de certains de ses membres.

Première condition, il faut que la vertu d'honneur soit la première. L'honneur et la parole d'un homme doivent être reconnus comme vertu majeure. Loin de ce que notre ancien appelait la « morale du boutiquier »... Or nous constatons que, dans notre pays, seul compte trop souvent le poids de l'argent, l'apparence et le mépris.

Deuxième condition, il est nécessaire que dans cette communauté nationale, l'égoïsme ne règne pas en maître, et qu'il paraisse évident à la majorité que, parfois, l'intérêt particulier doive s'effacer devant le bien commun, fusse au prix du sacrifice ultime de sa propre vie. Or, mes amis, n'est-ce pas l'individualisme et l'hédonisme forcenés qui marquent notre pays, où chacun semble ne vouloir exister que pour des droits acquis sans jamais satisfaire aux devoirs impérieux du bien commun ?

Enfin, troisième condition pour qu'un pays puisse reconnaître l'héroïsme de ses enfants, il est impératif que les forces publiques, la communauté tout entière, reconnaissent et plus encore respectent, les forces verticales, la transcendance, qui traversent la vie de chaque être humain et qui constituent sa dignité la plus profonde. Pour le dire avec d'autres mots, un pays qui n'est plus capable de respecter le spirituel, qui le tourne en dérision et qui se détourne de toute force morale qui dépasse l'horizontalité déprimante de l'économique et du matérialisme, n'est plus digne de ses héros !

Car nous parlons bien de héros quand nous évoquons la mémoire de Thomas, Emmanuel, Guillaume, Florian, Jean-Marc, Laurent et Cyrille. Non pas qu'ils se soient pris pour des surhommes sur le modèle nietzschéen. Oh, non... Aucun d'entre eux n'est parti sur la terre afghane pour pratiquer un sport de l'extrême ou pour ressentir des émotions fortes, ou que sais-je… Non, chacun d'entre eux est parti, conscient du danger et volontaire pour remplir une mission dangereuse, au service de la France… À notre service ! Chacun d'entre eux a, tout au long de son engagement parachutiste chanté et médité la « prière du para » que nous chanterons, dans un instant de tout notre cœur. Et dans cette prière sublime, écrite par l'aspirant Zirnheld peu avant sa mort au champ d'honneur en 1942, nous osons demander la tourmente, la souffrance, la foi, l'ardeur et le combat ; nous osons réclamer à Dieu tout ce que les autres ne veulent pas. Mais non pas dans un discours insensé, mais avec l'humilité de celui qui demande tout cela, aujourd'hui, car il sait qu'un jour il n'aura plus la force de le demander… « Que vous me les donniez, mon Dieu, définitivement. Que je sois sûr de les avoir toujours ; car je n'aurai pas toujours le courage de vous le demander »… La voilà l'humilité qui constitue la véracité du héros, jointe à la pudeur qui authentifie son sacrifice… Et nous savons que tels étaient chacun de nos camarades paras, humble, pudique, courageux… morts au champ d'honneur… au champ d'*honneur* ! Dans leur sacrifice, ils nous ont dépassés et désormais, près de saint Michel notre saint patron, ils nous précèdent sur le chemin de la vertu et de la sainteté héroïque…

Au moment où nous voyons disparaître à nos yeux leurs dépouilles mortelles, je réalise qu'il faut toute une vie pour comprendre cela. Toute une vie pour saisir que Dieu n'exauce que les prières incorporées de pleurs et de baisers. Il y faut du sang, de la chair des combats, des actes de foi sous des monceaux d'espérance, pour que l'amour renverse les haines[4].

---

4. Lire dans cet esprit les écrits du père Michel Zanotti-Sorkine : *De l'amour en éclats*, Ad Solem, 2003.

Avec vous, chères familles, j'ai caressé leurs cercueils, avec vous j'ai caressé leurs visages et j'ai béni leurs fronts et posant la médaille de Saint-Michel sur leur cœur... Mais il faut être vrai, il n'y avait plus de sang, plus de chair, pas de lutte, peu de foi, des fragments d'espérance et des lueurs de fierté ; et pour toute réponse un monceau de silence...

Alors de toute mon âme je me suis écrié : « Seigneur, malgré tout, apprenez-moi à aimer ! »

Amen.

Annexe 2

HOMÉLIE POUR LES OBSÈQUES RELIGIEUSES D'ABEL CHENNOUF, CAPORAL AU 17E RGP, ASSASSINÉ LE 15 MARS 2012 PAR MOHAMED MERAH

Cimetière de Manduel
Jeudi 22 mars 2012

Abel, mon camarade parachutiste, mon frère, voilà une semaine, jour pour jour et presque heure pour heure, je tenais ta main, encore chaude de la vie que venait de te prendre un assassin. Je tenais ta main en priant pour toi, en pensant à ta maman et en te confiant à notre Maman du Ciel, la Vierge Marie. Je ne connaissais pas encore Caroline, mais si tel avait été le cas, je t'aurais aussi parlé pour elle et pour ce petit bébé que vous attendez. Puis je me suis penché sur ton camarade Mohamed Legouad qu'essayaient de maintenir en vie les remarquables équipes d'urgentistes. Enfin, j'ai assisté au départ vers l'hôpital de Loïc Liber, qui à cette heure même se bat, entouré de son papa et de sa maman, pour rester en vie. Que de souffrances. Que d'incompréhensions. Mais aussi que de solidarité, de soutien, d'hommages et, pour nous chrétiens, de foi (comme le rappelait hier l'évêque aux armées en la cathédrale de Montauban) et d'espérance, malgré tout !

Il y a deux mille sept cents ans, à Rome, au cœur même du forum, symbole et centre de la vie de la Cité, un gouffre s'ouvrit. L'oracle consulté livra cette réponse : pour combler ce gouffre, Rome devait y engloutir ce qu'elle avait de plus précieux. Chacun s'interrogeait encore sur ce qui pouvait être de plus précieux, quand un jeune cavalier, un jeune homme armé, Curtius, se jeta avec son cheval dans le gouffre qui se referma aussitôt. Oui, ce que Rome avait de plus précieux était un jeune militaire défenseur de la Cité.

Le criminel terroriste qui a mené ces actions dans lesquelles tu as perdu la vie, Abel, a tenté d'ouvrir un gouffre. Le prix à payer pour le combler est bien sûr infiniment trop lourd ; mais mon ami Abel, tu es devenu, comme Curtius, symbole de ce que notre pays, la France, possède de plus précieux. Et désormais, c'est ainsi que tu nous apparais : jeune caporal parachutiste, mort pour la France, dans un attentat terroriste qui voulait mettre à bas notre Patrie.

Abel, je veux aller encore plus loin. C'est parce que tu portais l'uniforme français, parce que tu étais fier de ton béret rouge, que ce criminel t'a visé. Ce que ce meurtrier ne pouvait savoir c'est aussi tout ce que tu représentes aujourd'hui pour notre Patrie. Issue d'une famille à la fois alsacienne (avec tout ce que cette région fait ressortir en notre pays des souffrances liées aux deux conflits mondiaux) et kabyle (et comment ne pas évoquer ici les douloureux événements d'Algérie), ta famille choisit la France avec (et je reprends les mots mêmes de ton cher papa), avec toutes ses traditions, y compris ses racines les plus profondes, qui sont chrétiennes. Comment ne pas voir, mon ami Abel, dans une telle accumulation de symboles, ce que nous avons de plus précieux : cette capacité que possède notre Patrie française de prendre en son sein tous ceux qui veulent devenir ses fils.

Au moment où nous allons te porter en terre, dans cette terre pétrie des ossements de nos pères (c'est cela la Patrie aussi), Abel, avec toute ta famille, tes amis, tes camarades parachutistes, je te fais le serment que nous soutiendrons Caroline et ton enfant. Que nous resterons présents auprès des tiens. Désormais, c'est à Dieu que nous te confions, au travers des rites catholiques qui accompagnent nos défunts. Nous savons que tu es vivant auprès du Père. Tu as rejoint Jésus, ce Dieu fait homme, cet innocent mort à cause de la méchanceté et la violence qui habitent trop souvent le cœur des hommes. Ton sacrifice se trouve comme enveloppé dans celui du Christ Jésus. En te retrouvant jeudi dernier, gisant sur le sol montalbanais, en prenant ta main et en voyant couler de tes blessures ce sang si rouge et si pur, je confiais au Seigneur de la Vie, cette vie qui s'écoulait de toi. Et si aucune larme ne sortait de mes yeux, comme tant de tes camarades, c'est mon cœur qui pleurait sur toute violence faite aux innocents sur cette pauvre terre. Et c'est à l'Innocent qui a versé son Sang pour nous réconcilier avec son Père, qui a versé son propre Sang en rançon pour toutes les violences, que je confiais ta belle âme.

Abel, français d'origine alsacienne et kabyle, catholique par choix, parachutiste au service de la France, que notre grand saint patron, que l'archange saint Michel t'accueille et te fasse entrer au sein du Père, avec le Fils et le Saint-Esprit. Amen.

LA PRIÈRE DU PARA

Donnez-moi, mon Dieu, ce qui vous reste.
Donnez-moi ce qu'on ne vous demande jamais.
Je ne vous demande pas le repos
Ni la tranquillité
Ni celle de l'âme, ni celle du corps.
Je ne vous demande pas la richesse
Ni le succès, ni même la santé.
Tout ça, mon Dieu, on vous le demande tellement
Que vous ne devez plus en avoir.
Donnez-moi, mon Dieu, ce qui vous reste.
Donnez-moi ce qu'on vous refuse.
Je veux l'insécurité et l'inquiétude.
Je veux la tourmente et la bagarre.
Et que vous me les donniez, mon Dieu, définitivement.
Que je sois sûr de les avoir toujours.
Car je n'aurai pas toujours le courage
De vous les demander.
Donnez-moi, mon Dieu, ce qui vous reste.
Donnez-moi ce dont les autres ne veulent pas.
Mais donnez-moi aussi le courage
Et la force et la foi.

André Zirnheld

REMERCIEMENTS

À Xavier de Bartillat, Isabelle Bouche, Chantal Dang, Maëva Duclos, Philippe Labro, Dominique Missika, Bérengère de Rivoire, et Jean-Louis Thiériot.

GZ & CV

À mes chers parents et toute ma famille, pour leur affection et leur compréhension. Sans eux je ne serai pas ce que je suis !

À l'abbé Dominique Arz, au général Frédéric Blachon, l'aumônier Jean-Charles Bosansky, Jean Cronier et l'abbé Guillaume Paris.

CV

À Fanny et bien sûr à l'abbé Christian Venard.

GZ

Dépôt légal : novembre 2013
ISBN : 979-10-210-0175-6
Numéro d'édition : 3648
Imprimé en Italie